蒲團子 編訂
龍靈 張莉瓊 參編

稀見丹經初編

心一堂

書名：稀見丹經初編
作者：孫碧雲等

編訂：蒲團子
參編：龍靈　張莉瓊
責任編輯：陳劍聰

出版：心一堂有限公司
出版社地址：香港九龍尖沙咀東麼地道六十三號好時中心 LG 六十一
門市：香港九龍尖沙咀東麼地道六十三號好時中心 LG 十一
電話號碼：(852)2781-3722
傳真號碼：(852)2214-8777
網址：http://www.sunyata.cc
電郵：sunyatabook@gmail.com
心一堂術數珍本古籍叢刊網上論壇 http://bbs.sunyata.cc/

版次：二零一零年十二月再版
平裝

定價：港幣　一百零八元正
人民幣　一百零八元正
新台幣　四百四十元正

國際書號：ISBN 978-988-8058-02-0

香港及海外發行：利源書報社
地址：香港新界荃灣德士古道 220-248 號荃灣工業中心 1609-1616 室
電話號碼：(852)2381-8251
傳真號碼：(852)2397-1519

台灣發行：秀威資訊科技股份有限公司
地址：台灣台北市內湖區瑞光路七十六巷六十五號一樓
電話號碼：(886)2796-3638
傳真號碼：(886)2796-1377
網路書店：www.govbooks.com.tw
經銷：易可數位行銷股份有限公司
地址：新北市新店區中正路 542 之 3 號 4 樓
電話號碼：(886)82191500
傳真號碼：(886)82193383
網址：http://ecorebooks.pixnet.net/blog

中國大陸發行・零售：心一堂書店
深圳地址：中國深圳羅湖立新路六號東門博雅負一層零零八號
電話號碼：(86)0755-82224934
北京地址：中國北京東城區雍和宮大街四十號
心一堂網上書店：http://book.sunyata.cc

善的十條眞義

學理重研究不重崇拜
功夫尚實踐不尚空談
思想要積極不要消極
精神圖自立不圖依賴
能力宜團結不宜分散
事業貴創造不貴模仿
幸福講生前不講死後
信仰憑實驗不憑經典
住世是長存不是速朽
出世在超脫不在皈依

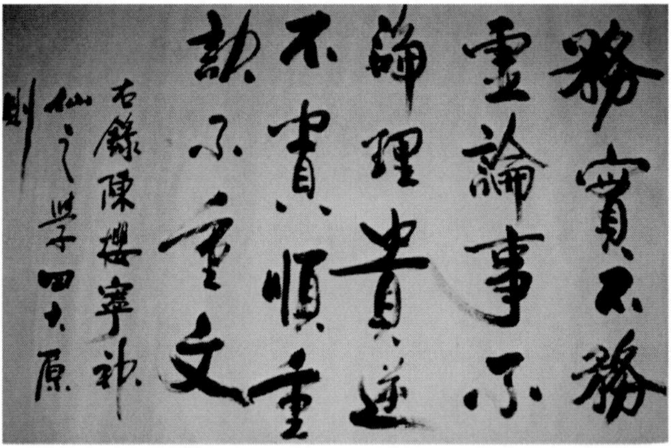
務實不務
虛論事不
論理貴逆
不貴順重
訣不重文
右錄陳攖寧神
仙之學四大原
則

神仙學術四大原則

務實不務虛

論事不論理

貴逆不貴順

重訣不重文

存眞書齋仙道經典文庫緣起

仙道學術，淵遠流長，自軒皇崆峒問道，至今已歷數千年。然歷代仙道大家之經典著述，由於時代之變遷，或埋於館藏，或收於藏海，或佚於民間，或存於方家，若欲覓之，誠為不易。故對一些孤本要典進行重新編校整理，以免其失落，實屬必要。存眞書齋仙道經典文庫之編輯，卽由此而起。

存眞書齋仙道經典文庫之整理計劃始於二零零四年，雖已歷五年，然由於諸多原因，公開出版頗費周折，文庫之第一種道言五種僅以自印本保存，流通之願難以得償。香港心一堂出版社社長陳劍聰先生，雅好道學，嘗以傳播中華固有之傳統文化為己任。在得知存眞書齋仙道經典文庫出版之困難後，遂致電於愚，願將文庫公開出版，以廣流通。善莫大焉。

存眞書齋仙道經典文庫之整理出版，意在保留仙道文化之優秀資料，故而其所入选者，以歷代具有代表性的仙道典籍或瀕於失傳之佳作为主，内容皆須合乎正統仙道之原則，不涉邪偽。凡不合乎於此者，縱為珍本，亦不在整理之列。

本文庫之整理出版，得到了胡海牙老師的大力支持，及存眞書齋諸同仁的通力協助，在此謹致以衷心的謝意。另外，還要特別感謝心一堂出版社陳劍聰先生對文庫出版所提供的方便，及張莉瓊女士、王磊（龍靈）老弟、劉坤明先生為文庫的整理、出版所付出的努力與關心。

願文庫之出版，能為仙道文化資料之保存小有裨益，則愚等之願遂矣。

己丑夏日蒲團子於存眞書齋

編輯大意

一　稀見丹經初編係存眞書齋仙道經典文庫第五種。存眞書齋收集的仙道著述中，有一部分頗有價值，流傳較少，篇幅短小，不足以單獨成書的著作，我們將其分別整理，匯輯出版。由於這些著述收集的時間不同，整理的先後有別，故每整理到一定數量，即行出版一册，出版次序，各輯內容，均不做特別安排。所收書目均為流傳較少的丹經道書，雖名為丹經匯編，但不限定於丹經。本編收錄了孫碧雲著修身正印，普潤眞人述、如道人校閱之玉符直指註釋，無名氏著地仙玄門秘訣，汪東亭著性命要旨含太極圖說註解、教外別傳，柯懷經著養性編，海印子著玄談集選錄，共計八種。

二　修身正印，為清嘉慶癸亥年即公元一八〇三年鐫，金天觀藏板；玉符直指註釋，所據版本為一九三五年七月一日刊刻本；地仙玄門秘訣，為鈔本，佚作者姓氏，鈔成於一九三四年。此三種，流傳較少，故被今日一些人士視為秘本而珍之。

三　性命要旨、太極圖說註解、養性編三種，根據清光緒辛卯年北學草堂刊本整理臺北新文豐出版社有影印本；　教外別傳版本不詳；　海印子玄談集選錄，是根據民國年間仙道月報所登載的玄談集內容匯輯而成，末附八篇，為登載於仙道月報及覺有情兩刊之徐海印相關著述。原擬將汪柯徐三人之著作與李涵虛之著作共輯為西派丹經匯編一書，後考三人著述似未盡合李涵虛著述之旨，故將李涵虛之著述冠以李涵虛仙道集，作為存眞書齋仙道經典文庫之第二種單獨出版，汪柯徐三人之著則輯入此編。

四　汪東亭師從於吳天秩，柯懷經亦曾得吳之傳授，海印子徐頌堯師從於汪東亭，自海印子始，此派自稱為西派遺脈，因其大倡鼻外虛空、虛空大定一著，故又稱為西派之教外別傳。汪東亭尚著有體眞心易等書，其與弟子之談道言論亦被整理成體眞山人語錄，由於體眞心易語言繁冗，體眞山人語錄等已有此支傳人整理，故此次整理中均未收錄，俟他日再做打算。汪東亭的另一位學生魏則之，著有一貫天機直講與大道眞傳兩種，由於其可獨立成書，故此次整理時亦未收入，日後或可另行整理出版。關於吳天秩一支之相關研究，請參閱存眞書齋仙道經典文庫第二種李涵虛仙道集篇末所附拙著李涵虛的西派及相關著作一文。

五　本編原擬收錄徐海印之學生張良士所著丹道概論一書。此書係張良士匯集諸前人之談仙論道之作而成，其中介紹了西派鼻外虛空的具體修習方法。此書既為匯集他人言論，自然不免夾雜旁門，而作者則對此等法門甚為得意。若刪節此等內容，一則有失作者之本意，二則恐為讀者所詬病；若不做刪節而直接出版，則與存眞書齋整理道書之宗旨不符。經與龍靈老弟及存眞書齋其他同仁再三討論，最後決定不予收錄。

六　篇幅短小，流傳不廣的仙道著述頗多，本編收錄者僅為存眞書齋所收集諸多著述中的一部分，其餘部分亦在整理之中。不日亦出版面世，以供諸同道參研。

己丑年十月蒲團子於存眞書齋

目錄

修身正印

孫碧雲　著　蒲團子　校輯

玉符直指註釋

終南洞天普潤眞人 述
龍門後學如道人 校閱
蒲團子 校輯

地仙玄門秘訣

無名氏 著
蒲團子 校輯

性命要旨

汪東亭

教外別傳

汪東亭

養性編

柯懷經

玄談集（選錄） 海印子

孫碧雲 著 蒲團子 校輯

修身正印

序一

道之為道，大包乾坤，細入微塵，劫前劫後，海內海外，無不在道，無窮無盡，無端無倪，無形無象，微旨奧妙，令人何處下手理？必須聖人引誘。是以三教聖人立言，指示精妙，直指入首成道之經，闡發自始及終學道之法，後世學人敬謹遵守，功不退轉，方成正果。

金城西郊有雷壇古刹，為碧雲孫眞人傳道開教之場，乾隆四十六年遭盜劫焚壞，續經道人白玉峯募化修整。雖重成焚修之地，而孫眞人渡世之書未傳。

余於嘉慶五年小住金城，於道友陳松風處得見碧雲孫眞人之書，復政諸道友悟元子，始明其書乃孫眞人留渡人修煉之眞傳，接五祖七眞之的派。隨鈔錄留存雷壇，普益學人，免走歧徑，迂遠無成。

讀是書者，莫負眞人傳道渡人之苦心，自證修煉成道之志願，余深望至勸也。

時大清嘉慶六年辛酉重陽，特授寧夏將軍仍兼甘肅提督，京北豐寧壽泉蘇寧阿敬誠備序

序二

嘗思道非人不能傳，人非書不能名，人傳道，書傳人也。明初有孫眞人號碧雲者，馮翊人，少年慕道，得其心傳，常來往於天柱、太華、少華之間，穴居巖處，餐松噉柏，闇修大道。肅藩王敦請敬禮於金城西郊金天觀，築圜室以居之。後眞人嫌其近於市井，仍歸太華，不知所終。惜其僅有圜室遺蹟，別無所留。相傳圜室為眞人養道處，其實眞人之有道無道，而人皆不知也。

辛酉歲，余遇癡翁先生於蘭泉，出示手錄眞人修身正印一書，内言還丹大丹、有為無為、火候工程、藥物分數，無一不備，自煉己而至脱化，條條洩機，句句傳神，始知眞人茹黄芽而嘗白雪，呑烏肝而服兔髓，深有得於大象、大音之妙，非等夫頑空寂滅之學、摇骨導氣之類也。癸亥，姑蘇松風陳公刊梓，欲廣其傳。余以為，大道因眞人而傳，眞人因正印而名，書不朽而眞人之名亦不朽矣。

悟元子劉一明序

序三

丹經之作何為乎？將以明道也！予讀道德南華二經，未嘗不歎為道書之宗祖也。自此而外，參同悟眞為最。其餘著作，或雜儒書而自相矛盾，或援梵語而反没眞詮。修眞煉性一書，求其詳明愷切者，落落難得。嘉慶丙辰歲，楚南張友出手錄碧雲孫眞人修身正印一卷相贈。余不敏，潛心披玩，眞人誠不惜金玉而大暢元旨焉！語本原則歸虛無，語爐鼎則歸元關，語藥物則歸龍虎，語黃婆則歸誠意，語還丹則歸結胎，語昇仙則歸脱殼，凡採取藥物之多寡、抽添火候之次第，誠有歷歷不爽者。是書一出，得有所據以斥旁門之謬，得有所考以證歧途之非，其根柢大抵不離不乎易者近是。吾道心燈賴以不滅，端在斯矣。因付諸梓以公於世，願同志者共寶之，庶不負眞人渡世之婆心也夫。

嘉慶八年癸亥春二月姑蘇陳松風沐手敬序

太極動靜章第一

古云「道法自然」。自然而然者，亦不知其所以然而然者也。曰太空，太空而太無，太無而太虛，太虛而太元，太元而無極，無極而太易，太易而太初，太初而太始，太始而太素，太素而太極。太極者，不可極而極之謂也。

故動而生陽，坤攝乾之初爻為復，一陽初生，氣之升也。含元虛危，播精於子，殺機三發，乾坤姤，金木外併，而結一粒九還，謂之外鼎。乾坤的活子時，無極而太極者也。曰虎，曰女，曰庚，曰戊，卽神照坤宮，而成聖母之氣也。動則意流牝府，地雲雙攝，以母氣而制子氣，曰金液，汞去求鉛也。

靜而生陰，乾變坤之初爻為姤，一陰初生，氣之降也。藏機星張，陽伏於午，生機一發，坎離交，水火內濟，而結一粒九還，謂之內爐，吾身的活午時，太極而無極也。曰龍，曰男，曰甲，曰己，卽神守乾宮，而生靈父之精也。靜則丹生元谷，電光閃閃，以子氣而感母氣，曰玉液，鉛來投汞也，感太極之動靜而變化者也。

原始反終章第二

人之生也，必假陰陽二氣成形。父母未交合之先，各具一太極，只因慾念一萌，雖形未姤，而父之性與母之情，早已飛騰於外，卽陰太極而生陽，陽太極而生陰，陰陽感激，招攝虛無造化，合為一氣，而另一太極，故三家相見而結嬰兒者，神交也；神既交，然後氣行，奔入子宮，為氣交；及其父精母血，裹住先後二氣，為精交。精交而氣化，氣化而花開自結子也。感來造化屬土曰勾陳，父性屬木曰青龍，母性屬金曰白虎，虎鬥龍爭，金木在外而併；男精屬水曰玄武，女血屬火曰赤蛇，龜蛇盤繞，火水在內而姤。故曰「四象五行全賴土」。土乃無定位之眞土也。

子宮為懸胎鼎，其中空虛。虛則所以受命，能聚五行之精；空則所以生發，能孕萬物之成。混混沌沌，繫於瓜蒂；綿綿續續，鎔成大塊。故交合之後，九日而陰陽定，四十九日始胎，百日立基。然後太極中洩發出一爻，眞氣而降於下，曰天一生水，先生內腎也，地六成之，成黑珠也；地二生火，生心也，天七成之，成兩眸也；天三生木，生肝也，地八成之，成舌耳也；地四生金，生肺也，天九成之，成鼻竅也；天五生土，生脾胃也，地十成之，成四肢也。始七日一變，次七日一化，一變一化，合天地大衍之數五十有五，成變化而行鬼神也。再加三五合一，策得一十有五，共成七十日。奇偶相成，孕毓在內，得生數五七成數。五七同前一百數，積而數之，通計一百七十日，而男女分矣。男女分而神未至者，為瓜未熟而蒂未脫，須温養一百日，前後共計二百七十日，即九箇月之數足，而自然降生也。然嬰兒在胎中，其臍帶暗注母氣，一呼一吸，無不貫徹，外七竅俱閉塞而無見聞，兩手掩其面，更無氣之出入，獨一點眞息存在鴻濛竅內，默與臍帶吹嘘，女則背母，男則面娘，此亦不待數，而禀賴陰陽之自然也。及其將育之時，人驚胞破，端然立起，而向黃河浪翻觔斗，頭懸足撐而出之，兩手即開而握固，囮地一聲降下，有後天而無先天，倏然虛無之中，先天一氣從頂門中而入混沌之地，與昔三家所姤，混成一氣，經云「有物混成，先天地生」，故曰「未有此身，先有此竅；未有此竅，先有此氣」，此氣非呼吸之氣，乃元氣也。修身立命者，但照身生造化做去，便不錯了也，但逆順之不同耳。人道全賴五行合而結胎，仙道亦藉五行配而結丹，倘五行缺一，而毓胎結丹者，未之有也。

天人合一章第三

乾闢坤闔，兩化默運於中；　陰消陽長，一理感發於外。在天在地，成象成形，而變化現矣。陰攝乎陽，陰陽氣沖，迸裂而為雹；　陽伏乎陰，陰陽精繳，感發而為雷；　陰陽姤均，自然蒸而為雨。陰勝陽，外陽火逼變陰氣，陰氣騰而為雲；　陽勝陰，外陰精迫化陽氣，陽氣散而為風；　陰陽俱盛，具精光掣而為電。電光閃爍，霹靂一聲，巽風吹起，隱隱雷聲未絕，二氣感化，一滴甘津，下降於地，徧灑婆娑，以成甘霖，長養萬物，生育羣品，故「天地絪緼，萬物化生」。其陰精太盛，聚蓄為水，流入江河，一派癸水，而不得運通於江河者，謂其重濁而有質矣。故南方火德，晝夜三光，下照於地，而煉出雲霞風霧，至曉日歸元竅，又薰蒸江海之水，騰而為氣，升於半天，與大化為一，猶丹士之煉精化氣也。空氣盈滿，內含坤體之精液，被太陰招還蟾闕，養育少陰，其金精華勝之時，中隱先天，先天之日華被太陰攝歸乾體，孕生少陰，故曰返本煉眞；　風清月白，雲散天空，此時盡被太陽眞火，煉萬物之氣為神，猶元客之煉氣化神也；　迨金旺王圓，各本全體，元始天尊，懸一粒黍珠，去地五丈，遇庚甲之旦，掛於太虛之上，如磁石之吸鐵，隔礙潛通，逢朔望之辰，垂於太空之中，若聖母之招子，孰敢不至？ 攝日月之精華，盡返珠內，復還祖氣，故曰還元，猶道之煉神還虛也。

未生身處章第四

古歌云「借問因何有此身，不離精氣與元神」，又云「此竅非凡竅，乾坤共合成，名為神氣穴，內有坎離精」。

夫乾坤合者，合乎中也，卽父母合巹之始也； 坎離精者，精致和也，卽男女性情之動也。未有此身，此竅隱於太極將判未判之中，凝若噴珠，然易結易散； 未有此神，此氣演於陰陽將合未合之際，滴如珠露，而乍有乍無； 一復分二，性情初合，斯竅之鄞鄂兆矣，斯氣之端倪露矣。 胎中二物，脗合金丹，白如綿，連如環，方廣一寸二分，包一身之精華，內含一粒黍米，斡萬象以循環，於是謂之黃庭土釜者，以土中和，而生成品彙。 故丹經必藉土為聯媒，始終工夫，不越此而已。 志士以境攝心，養性於寂然不動之中，而命在是矣； 達人以情煉身，立命於感而遂通之中，而性在是矣。

中者，元關之體； 和者，元關之用。 動則以體為尅用，靜則以用為尅體，體用規中，兩弦懸象。非動非靜之頃，神運都關，兩畔同升，煉得一片之藥者，體生用而用化體，乃丹家本體見也； 丹藥太和二天，交泰半離半坎之際，氣止至善，二輪合體，結就一粒之丹者，用生體而體化用，是藥之妙用新也。及其丹藥之成，全憑斯竅之功，是以玉蟾謂斯竅陽施陰受，造化相符，有人知到眞實處，則天關地軸，在吾掌中握矣。此身之造化，中和之正理也夫。

元關一竅章第五

元關竅者，卽前未生身處是也。元者，天元也，是至元至妙至神機也。夫此神之機，圓陀陀，光爍爍，無形象，無定體，因彼無定，則吾生死亦難定矣。我今識得，將此神機運於黃房，閉塞微密，不使飛走，綿綿不絕，息息如一，如蚌含珠，如石懷玉，所以謂珠玉之房，亦曰都關竅，性命之都會也。此竅正天之下三十六，地之上三十六，其中空懸一線，繫之於天地間，形如花瓣，故曰「一拳打破蓮花臟，要做仙佛也不難」。朱雀覆於上，元武伏於下，青龍左侍，白虎右衛，中居獨尊，如北辰垂象之義。且此竅不特存養而已，其脫胎結丹、溫養沐浴、採取運用、抽添火候，無一不在此矣。

後天性命章第六

後天性命，是以常人日用不可離者也，乃身中之造化耳。

人之初生，一點眞息，往來在中，只謂剪斷臍帶，力的一聲，性命各不相顧。其性飛於外，寄居二目，分為兩儀，左屬陽，右屬陰。心一靜，合而為一； 心一動，散而為萬。日則接陽光，明乎眼，為鑒貌辨色； 夜則姤陰氣，含乎肝，而夢想幻境。所以此心歷劫以來，未嘗暫歇，釋氏謂之「心猿」。

心者，徑也，是神明出入之路也，必先去其茅塞，然後可以窮理盡性以至於命； 命則父母交姤時，一點性情結於竅內，與前所賦之性，混成一物者也。太極生兩儀，兩儀者，天邊性、海底命也； 兩儀生四象，四象者，兩眼兩腎也，兩眼性屬焉，兩腎命寓焉； 四象生八卦，八卦者，精、神、魂、魄、情、意、身、心也； 八卦生萬物者，卽一身百骸、千毫萬孔者也。

故修身立命者，先要明此後天性命。何謂後天？ 是生身之後有之也。下工之時，但依初生未剪臍帶之時，是眞太極，務要返到太極時，纔是返終原始之理。或以性命為一太極，得之後天，予實未之聞也。

先天性命章第七

先天性命者，是身外之造化也。夫此性此命，生乎天地之先，長於太古之上。性乃太空中眞精也，此精能生天地萬物，其大無外，其小無内，卽元始天尊所含之珠，離地五丈者是也；命卽前性命合一，孕而在内，久則天光外發，爍出一輪金色，招彼先天之性，在外混鎔一氣，欻然閃入西南，種出瓊花曰命，此命乃七還以後太虛所賦者也。

三品藥物章第八

藥有三品，分上中下三品者，自生身以後藉五穀氣養之而有精氣神者也。達人修之，却病延年。

交感之精，居於腎海；思慮之神，會乎心目；呼吸之氣，接於口鼻。名號三，而合一則一思慮之神，皆動則變為呼吸之氣，獨流則變為交感之精。

精乃一身之本，精竭則氣耗，氣耗則神枯，神枯則人隨槁逝矣，是故經有「富國安民」以喻修身者，要積交感之精；　精不搖則氣盛，氣盛則神靈，神靈則赤灑灑、淨躶躶，獨露一輪秋光，或隱或明，不內不外，我卽急招攝於鼎氣之中，名曰太極，極定之中灼然天光耿耿黃金色，卽太素也；　煉精氣而為一也，名之曰不壞元神，元神者，乾金也，而直洩於西方坤地，變而為坎，坎中之陽卽先天之至精也，採此精歸於鼎內，以文武火養之，化為虛無空氣，故曰三品之中藥也，志士修之可以長生住世。

欲修天仙，飛騰上清，必假三品上藥。　三品上藥者，元精、元氣、元神也。　元神者，是太空中一點眞陽也，隱於大化窟中，混於溟涬之內，提挈天地，陶鑄陰陽，而造化萬物者也，故緣督祖師云「先天一氣自虛無中來」者，元神也，非思慮之神也，乃與元始相比肩之神也；　神既定而知止，瑩出一塊蟾光，下照西川，忽覺坤宮火起，白虎翻身，杳冥之中而生出一點眞精，眞精卽元精也，乃玉皇口中之涎也；　招此元精，返歸黃庭，與元神配為夫婦，煉就一團和氣，卽元氣也，乃與元化同出沒之氣也。　如此交合，三家相見，養於鼎器之內，如龍養珠，如雞抱卵，十二時中，打成一片，鶴胎龜息，任其自然，到此纔復先天之卦，奪了三品之上藥也。

下手工夫章第九

初下功時，先須外覩玄珠，稍覺有象，急攝之送入祖竅。祖竅卽未生身處也。未生之時，務要外忘一切私慾之心，内藏一點虛靈之神。念稍動，我以靜定之；神覺出，我以虛攝之。喜怒哀樂，養於未發之先；意必固我，絕於既忘之後。用志不分，乃凝於神。心靜内照，意動外觀，内外合一，心息相符，含光凝韻，調息緘氣，運之於中，外攝内煉，動靜採養，斡之方寸。倘垂簾内照之時，胷中覺有千頭萬緒，越整理不得時節，稍稍放之。放之之法，以外物遣之耳。簾一開則胷中之物淨盡矣。又不宜久放，久放則懈怠，懈怠則性好飛騰，飛騰之久，則永難攝伏矣。又不宜太急，太急則氣促，氣促則易走失於外，而鉛難擒制矣。所以調情養性之法，貴乎得中，若養鷹鸇然。鷹鸇，野鳥也。時時調之，駕之在手，以肉餵之，則自然放去喚來。如此朝朝暮暮，自覺心有幾分脫灑眞樂處，就此樂處，便可坐時。坐亦不拘盤膝展足、高低卧立，只要常常惺惺，身心手足，從從容容，無半毫物欲拘滯，活活潑潑，一團和氣，盈滿黃庭，光輝燦燦，兩輪日月照崑崙。運流珠牢封土釜，以無名之樸鎮之，俟其靜之極。既至極，驀地有一場非常之動，只這動之消息，不可錯過，乃是一點陽氣始生也。急宜溫養之，毋使飛走，慎之慎之。動採靜養，俱要得中和之象。

日用採取章第十

夫採取之法不一，今先言其日用者，是學道出入門之關鍵也。日用之間，此一着必不可離，可離非道也，百姓日用而不知耳。我今知之，行住坐臥，無不是道矣。

行則踏足於坦途，神氣拖中和之正，毋使一毫私慾攻我心，攻我心則神耗而氣離；住則凝神於太虛，黑白相符洽，不可有一點俗念觸吾意，觸吾意則黑混而白障；坐則養浩氣於中黃，倏忽遊混沌，毋使一毫人事擾吾志，擾吾志則魂飛而魄散；臥則抱珠海底，呼吸歸根榮衛，如有一毫物慾攻我氣，攻我氣則猿顛而馬劣：皆促命之由也。

嗟乎！人身精神有幾？日用之間，舉心動念處，天眞已被其戕矣。急急操持，十存一二也。操持之法，又不在乎無跡人處枯坐也，其妙在乎生身處求之。蓋吾身不自有，藉父母陰陽之氣姤而成之，是知陰陽之氣，必仙佛矣。但氣非精氣有形之質，乃先天之神氣。修仙者，必混俗市廛，忘機花柳，方得造化於鬧中之一定。招彼神而煉我神，故云鬧中煉神，乃日用之要也。惟其忘而不忘，忘無可忘，念起卽覺，覺之卽無，神出卽照，照之卽定，定無所定，凝神入室，無無旣無，融神出空，去彼取此，用之至公，非以其無私耶，故能成其私。

離宮煉己章十一

煉己者，離宮修定之理也。離外陽而內陰，卽有生以來，見境觸物，漸漸受染一切之己私也。夫始生時，本有乾體，乾乃動物，動則內虛，為陰氣侵之而成離，故修身者，克盡己私，天理自然復矣。假如一錠赤金，鑿碎之時，已被銅錫之類雜之，視之非金非鐵，云何成寶？必傾入爐中，加之銷鉛，用火烹煉，陶盡陰滓，忽見金華燦爛，色愈光瑩精潔，煉就金剛之體，乃永為世之眞寶。故修己煉心者，若是而已。靜觀吾性之初，渾然天理，譬之眞金無銅錫混之也。爐譬元關一竅也。加之銷鉛煉之，一切幻境，迫於我之身心，以神煉之，寂然不動，得氣補氣，感而遂通，猶金之遇火，愈煉愈精也。用火烹煉者，剛決之志，運槖籥而沖和上下也； 金華現者，元珠成象也； 退陰滓者，己私盡也； 煉就金剛者，天理復也。天理復全，則金丹之事畢矣。非譬喻也，合內外之道也。

水府築基章十二

築基者，水府求鉛之妙也。坎外陰而內陽，內陽非眞陽，自生身以後，情竇一開，日生夜長，一切妄動之精已化為物，既為物，則水火之機壞矣。夫眞精未動，原是坤體，坤本靜物，靜則內實，為陽戕之而成坎，故煉丹者修身以俟之。假如一段房基，年深日久，根脚漸墜，以被風雨崩塌之患，必須多用人工，將基址築固，帮以磚石，整備一切物料，方以匠手斲之，一舉而成，其主人一家有所依站矣。故築基眷命者，亦若是而已。基址，卽吾坎宮也；築固，積坎中之陽精也；一切物料者，卽神氣精血液髓不耗散也；匠，卽師也；人工者，在稠人之中，以精召精而時烹刻煉，以類求類而朝取暮採，不可間也；風雨者，念復萌也；主人者，卽太極也；一家者，卽乾父、坤母、三男、三女也。於是男女和合，配成夫婦，立命於牝府，則大藥不期而自來矣。

煉精氣神章十三

夫煉精化氣，卽水府求鉛也。人身本無精，只因慾念一萌，其神化為氣，氣卽化為精。精者，物也。物卽成形，欲其歸根不可難乎？必須用火煅煉而化為氣，薰蒸四大，則百脈關竅，自然通暢矣。此精既化歸牝府，已融成汁，七分武火，猛烹急煉，鼓河圖之巽風，動洛書之槖籥，前文後武，上下沖和，精自然化為氣，既化為氣，須用二分文火，溫養於中宮，頃刻金花發現，卽煉氣化為神。神乃不壞之元神，極好飛騰，不得北方眞鉛制之，終不成丹，於是求彼兌金，尅我巽木，煅煉之久，則滿地黃芽，盈天白雪，其變化狀若神明，恍若光爍爍，脫然活潑潑，渾合於渺茫不測之內，還歸於虛無滓溟之中，故曰「人知神而神，不知不神而神」者，卽元神也。

採後天藥章十四

後天者，卽日用之取坎填離也。心靜本乾卦也，念稍動，卽乾中之金被火逼之飛騰於外，吾今乘時採之而回。採之之法，密使眞土擒之，封鎖中黃，溫溫鉛鼎，無使再遷他處，綿綿若存，用之不勤，定靜之中，赤縣先生，孕毓大乘氣象，立定萬物精華，融成大塊，名之赤縣門開，日月爭明，是採藥苗之元也。及其藥葩吐艷，華燦簾幃，混沌顛落之頃，陽施陰受之時，忽見斗牛發火，銀河滾浪，黑龜便把赤蛇吞，滿地黃花邀白雪，一天曉色罩金庭。此時虎鬥龍爭，其血元黃，我則撥轉一寸之機樞，龍降虎伏，三田戰罷，奪得一粒元珠，斡回斗柄，逆流天河，結成丹砂，入吾丹田之內，為長生之大藥，是採鉛芽之妙也。汞乃鼎內丹也，鉛卽外爐也，鼎爐合一謂之眞爐，得之可以延年永壽，仙尚未敢許也。

採先天藥章十五

先天者，自虛無中來，吾身未之有也，故仙經云「藥從外來」，此之謂也。大藥根乎天地之先，隱乎混沌未分之內，產乎鴻濛將判之間，巍巍不動，大如斗，赤如日，形而上者謂之道也，故曰「無名天地之始」；靜坐生動，小如星，黃如金，形而下者謂之器也，故曰「有名萬物之母」。母因子感之曰化，子因母攝之謂造，造化之妙，包羅天地萬象，淨躶躶光沖北斗，倏而赤縣門開，玉兔奔走，輝灼灼氣凌南極，驀地神州電閃，金烏疾飛，雲從龍，風從虎，瑞雲騰空龍驚蟄，迅風颺海虎翻身，曲江雷後山頭雨，明月天耀水中燈，雷雨交作，燈月並明，丹田火起，鼎沸湯蒸，微陽初復。新經既生，節節疏通，關竅卽透，息息逆旋，踵息根深，不覺呼吸之氣絕，寸尺之脈停，心涼似冰，神清如鏡，眼欲視不見其明耳，耳欲聽不聞其聲，恍然心如入醉生夢死之鄉，冥然性凝乎癡呆憨蠢之門，不知有天地物我，不曉有老生病死，純純兮一色威光，燦爛兮微映低高。或一二時，兩三時，方覺有天地猶以為小也。吾身尚未之見，亦不知在何處着落。少頃，雲飛日朗，風和雨歇，始覺吾身如在太虛中，若斯其大乎。吾身之既見也，腹內雷鳴，若翻江倒海之狀；月中掣電，若飛雪遊絲之境；滿口眞津，瀝瀝若雀卵；鼻腔清香，馥馥似蘭馨；四肢筋骨如棉軟；似夢非夢，若醉未醉；未醉似醉，未夢似夢；天之氣混混，地之氣沌沌；吾身中之氣，渾渾淪淪，身外之氣，溟溟涬涬。或三五日，一二日，寂然不動，謂之大定。機關至此，吾精氣與天地之精氣，合而為一矣。定然後動，天機一振，纔知有我身、有我心，萬孔如蟻行，兩耳如風生，顖門中鴉鳴雀噪，夾脊上車行馬踏，還而返，返而還，不記其幾交而合，合而交，何可勝言？似此景象，乃乾坤交罷，得先天之藥象也。採之各得其時，煉之各得其法，則天仙之藥，盡在此矣。倘己私一毫不盡，此乃後天之藥，非先天也。

日月合璧章十六

崔公入藥鏡云「日有合，月有合」者，是陰陽返之機也。

日者，乾也；　日中之烏者，離也。　月者，坤也；　月中之兔者，坎也。　乾者，日中之體，動則中虛而為離，離乃日中之用也；　坤者，月中之體，動則內實而成坎，坎乃月中之用也。坎離非乾坤無以為之體，乾坤非坎離無以為之用。用也，體也，則乾坤穴也。

月有合者，魄盜魂之三爻也。　朔之三日，胃昴陽生，是坤索乾之初九，變而為震，曰「長男乍飲西方酒」；　朔之八日，平分兩明，是坤再索乾之九二，變而為兑，曰「少女初開北地花」；　朔之望日，圓照卯氐房，是坤再索乾之九三，而顛倒乾坤，圓體就而變為坎，曰「坎配蟾宮却是男」。本體既圓，圓極則缺，盈極則虧，所以日有合者，魂盜魄之三爻也。望之十六，箕斗喪明，是乾索坤之初六，變而成巽，「巽風吹起六陽神」；　望之二十三，丁生半輪，是乾再索坤之六二，變而為艮，曰「元箕塞艮旋斗牛」；　望之二十八，合璧虛危，是乾再索坤之六三，而復成坤，坤陰陽合而變為離，曰「日居離位翻為女」。此卽八卦交錯，日月相盪之根源也。

反求吾身，乾即心内之性也，坤乃身外之命也。乾之為物，靜則火而動則水；坤之為物，動則火而靜則水。此動靜之間，水火互為其根，是以日月水火者，喻吾身之性命也。

乾之初爻，乍洩於坤而為震，是性之精初動，性將合於命也，故曰「初九潛龍，勿用」，謂藥之用，地雷將復，安靜以養微陽也；乾之二爻，再洩而為兑，是性之精再動，而二性半合於命也，故曰「九二見龍在田，利見大人」，謂藥之不老不嫩，正可用也，參同云「二者以為眞」，卽鉛遇癸生時，將入上弦藥半斤，白虎初弦之氣也；乾之三爻，盡洩於坤，是性之精再動，而三性盡合於命也，曰「上九，亢龍有悔」，謂藥之老而不可用，參同云「其三遂不入」，卽金逢望遠月將虧。此三爻之法象，卽有形之中有也、藥從外來也、虎也、龜也、月出庚也、鉛也、金也、水數生成一與六也，卽立命以復性之功夫也。

乾既歸乎坤，坤中之陽，若不得眞土擒制，則水泛濫而命基難立矣，所以抽坎中之陽，補離中之缺，變成乾健之體者，卽前攝初爻而為巽，是命返乎性之始也，曰「初六，履霜堅冰至」，謂火之初萌未有氣也，月之已虧矣；乾攝坤之二爻而為艮，是命返乎性之半也，曰「六二，直方大，不習無不利，地道光也」，謂火之圓瑩明淨，正可煉藥而結丹也，參同云「火二與之俱」，施文著武也，下弦水八兩，青龍初弦之氣也；乾三攝而得坤之全體，是命盡合乎性也，曰「六三，含章可貞」，謂之太過，若不溫養，定損乎藥，故崔公曰「火候足，莫傷丹」，月之晦也。此三爻之法象，即無形之中無也、丹在內結也、龍也、蛇也、日正午也、汞也、鉛也、火數生成二與七也，即養性以制命之功夫也。

所以修身之士，觀日月相盪之機，反求吾身，則金丹之妙，不求師而知過半矣。

天地潮候章十七

天應星，吾性之全體現也，莊子曰守太空者，發乎天光，譬如天氣青爽，萬里無雲，而星月光輝，即天之應星也，養性亦若是；　地應潮者，彼命之陽氣復也，莊子云水中火起，乃焚大塊，譬之天氣沖和，萬籟無聲，而水湧碧波，即地之應潮也，立命者亦若是。　合而喻之，即乾之洩於坤而造坎離，我即取坎填離而造乾坤者也。

生門死户章十八

參同云：「乾坤者，其易之門户。」奇者户也，偶者門也，陽奇陰偶之數也，單為户而雙為門也。乾者離之體也，離中之陰者，人心之私也，私黨盡，則離中之汞虛靈矣，故曰死我户中之陰氣，卽不動心之謂也；　坤者坎之體也，坎內之陽者，人身之精也，精不搖，則坎內之鉛實固矣，故曰生我門內之陽精，卽一陽來復之謂也。是以參同契云明此兩竅者，正謂此也，非產門之比也。

元牝立基章十九

夫元牝，二物耳。青龍初弦之氣，曰陽，曰元；　白虎初弦之氣，曰陰，曰牝。悟眞篇云「要得谷神常不死，全憑元牝立根基」，心印經云「出元入牝，若存若亡」，老子曰「元牝之門，是謂天地根」。由是知元龍之精始於乾，乾者，天門也；　牝虎之氣胚於坤，坤者，地户也。故元牝之門，卽天地之根也。今之修身者，要谷神不死，必須忘機，俟其天光宥密，神化坤宮之頃，追倏忽之精華，時遊於混沌之地，封閉七竅，不俟其目鑒，則元牝之基立，鄞鄂之胞結矣，神存而眞胎息矣，故太上云「胎從伏氣結，氣從胎中息」。是耶非耶，先覺改正焉。

「元牝自有眞元牝，不是心肝肺脾腎。識得吾身受氣處，莫把天機都洩盡。」在口傳心授，難以紙筆也。

玉液七還章二十

夫玉液七還者，卽坎離既濟之造化，而為小周天也。玉者，喻我之性本來潔白無瑕也；液者，玉之花照丹田而生眞一之紅也；七，紅之生成，天一地六之數也；還者，已去而復還也。總而言之，不過是壺中景象，「迴風混合，百日功靈」之驗應也。

夫心明則性見，性見為乾，乾本體靜極而動，動則成離，離為朱雀，翱翔而下，變為元武，元武卽坎中之眞精，眞精乃玉液也。斯液受制於坎宮，坎宮屬水，以水濟火，是水返乎火之一，而盪初三庚金之一返也；少頃，圓體重明，再洩於坤，依時採之，是水返乎火之二，而盪上弦丙火之二返也；聖日聖月，返照金庭，再吐微光，西南藥生，急而採之，是水返乎火之性三，而盪望夜甲木之三返也；月既望矣，物盈必虧，虧則東北喪朋，往於西南得類，是水返乎火之四，而盪斗牛庚土之四返也；虧之廿三，丁南又喪其明，我復以陽燧招之，牢封土釜，是水返乎火之五，而盪下弦丁火之五返也；至於廿八日，合璧虛危，陰之至極，陽之將復，龍戰於野，存誠愼獨，是水返乎火之六，而盪晦暮壬水之六返也；如此六返，以合一月周天，而五行四象，各合本體，胎合太極，生出一點眞精，猶月之晦而出明，陽又將復，如朔之時，採而煉之，結成丹頭，爐中赫赫常紅，是水返乎火之七，而盪癸水之七返也。

如此七返之妙，乃是取坎塡離、玉符保神之義。所以月圓七次，七返七煉，而結一粒金丹，名之曰紅眞，紅眞在内而交者也。

金液九還章二十一

夫金液九還者，卽乾坤交姤之造化，而謂之大周天也。金者，喻彼之命原本隱名，如金之剛而光輝者也； 液者，卽金生麗水； 九者，地二天七生成之火數也； 還者，失而復得也。總而言之，無非是身外法象，陰陽胚胎，沖和十月，胚胎之應驗也。

候前玉液七還之時，日月薄蝕在内，少陰少陽交合於外，姤出一粒黍珠，自外而入，竟落黃庭。黃庭之下，龜吸蛇噓，海泛浪湧； 黃庭之上，龍吟虎嘯，雲收月朗； 黃庭之左，紫氣騰騰，嬰兒倡聲； 黃庭之右，電光靄靄，姹女斂袵。只見千條赤錦，萬道黃花，交徹乎黃庭，黃庭之内，儼如夫婦交情之狀，似乎水忙未洩之機，美在其中，而不可以筆舌記者，是日之正午，而丹之還一也。九還者，以其丹之九熟正午，圓瑩九次，而還丹歸九鼎也，非眞有十箇月之數也。豈不聞攢年簇月，攢日簇時，一候得藥，二候運火，三候沐浴，一刻工夫可奪一年之節候者，不我欺也，卽心印經云「一得永得，頃刻而成」。可知，聖胎之結，在頃刻耳。

九還之理，是乾坤交姤、金液煉形之義，所以日午九次，九還九煉，而孕就大藥一片者，名之曰眞火，眞火在內而交者也。

內外二藥章二十二

丹書分別內外二藥兩箇眞陰眞陽之作用，往往形於筆舌，思之未盡其善也。夫身內之陰陽，有內有外：自生身以來，性在天際者曰內藥，外火也，曰離卦，少陰也；命在海底者曰外藥，內火也，曰坎卦，少陽也。陰陽二物，孕成一體，謂之內鼎，眞內藥。內藥了性，人仙之道，卽金丹在內也，我身之太極返本也，陽燧也，亦方諸也。天機盡洩於此矣。

夫身外之陰陽，更有內外坎離之體，本自乾坤一變而來。乾坤者，母氣也；坎離者，子氣也。子戀母，母亦愛子，故一靜之中，坎離既交於內，作丹之本，於是應徹乎天地，而天地之大藥不召而自來，隱隱有象，若明窗塵。恍惚之間，金烏繞於外左，曰外火內藥也，曰乾卦太陽也；杳冥之間，玉兔奔馳於外右，曰外藥內火也，曰坤卦太陰也。

夫乾坤坎離之象，我身未生之時，同太虛為一體也。惟有我身，分而為兩；再有我心，兩而為四。四而八，八八六十四，而至於萬萬，不可勝數也。故修還丹者，先築固其子，以感召其母。其母氣自虛無中感召而來，在外交合，毓出一粒之大藥，入於黃房，而就我一身之己汞，即三丰云「奪他一點吞歸腹，身中化作四時春」是也。且此乾坤結就一點，謂之外爐，真外藥。外藥了命，地仙之道。二藥各立一極，謂之真陽。真陽生出金玉兩液，融和一處，結成丹砂，耿耿紫金色，煇燦天邊日，到此方知我命不由天矣。是藥從外來也，彼家之無極還元也，祖氣也，母氣也，得之而成仙也佛也，皆由此徑而入也。

文武二火章二十三

丹士以火煉金者，謂神馭氣，而攝歸乎中也。火有文武，即藥有內外。藥之內外，即火之候也。採藥外火候，即武火也；藥既化矣，固守胎息，出元入牝，若亡若存，曰內火候，即文火也。寂然不動，曰文，內也；感而遂通，曰武，外也。金丹在內，文也；藥從外來，武也。丹書所謂：守城須假文火，野戰當着武功。

鼎器歌云：「首尾武，中間文。」首以武火，養我乾金也，心息柔而志要剛，奮迅精神、驅除私欲之謂也；尾以武火，煉彼兑金也，剛要動而柔要靜，浮游守規中、陽燧取火之謂也。未得丹時，用武火降龍也；正得藥時，用武火伏虎也。若文火用於得藥之頃，火寒而丹不結，大藥終不能化；若武火用於結丹之後，火燥而藥有傷，烹鼎之患難免；丹藥既已入鼎，龍虎戰罷，風和浪平，惟宜守城沐浴，使其爐土温温，養而薰之，丹熟自然光閃簾幃，内符外合，蜣螂攘丸，暗合天樞，即合中間文火也。

一陰始生曰肅殺，武火也；一陽來復曰施生，文火也；陰陽沖和，混沌中央，曰金丹，文火也。文也，武也，生殺反覆之機也。

觔兩老嫩章二十四

夫藥之有老嫩觔兩者，實有其事，非譬喻也。山頭月白電光閃者，藥之嫩也；潭底日紅地雷復者，正其時也；金逢望遠月始虧者，藥之老也。丹生乾位曰甲，見之不可用，木汞一點紅，木之生數也；藥產坤方曰庚，用之不可見，金鉛三觔黑，金之生數也；山下泉蒙，造化在須臾，虛日子危月亥，合璧壬癸，此藥之觔兩也；曲江之上金烏飛，嫦娥時與斗牛歡，此藥之輕清也；水中火起，妙在虛危穴，此藥之正旺也；進火工夫斗牛丑危，立箕寅旋斗迴天力，此藥之通變也；虛危上應，龜蛇合形，一得永得，自然不輕，此藥之大化也。

八兩日月精者，藥之內交觔兩也；半觔乾坤髓者，藥之外交觔兩也。合內外之金火，而得一觔之數也。故先師曰「臨爐空論兩，水火要均平」，其妙在斗牛危虛，參究眞實，誠不誤矣。

陽火陰符章二十五

退陰符者，姤卦一陰生也，陰去符陽也。坤之為卦，☷三偶則六，而其揲亦六，策亦四六二十四，是謂居四之太陰。乾之六畫，純陽也，夏至一陰生，乾則變坤之一爻，策得二十四，六爻之策，一十八變而大成，揲得一百四十有四，故曰退陰符也。

進陽火者，復卦一陽生也，命初歸性也，陽返合陰也。乾之為卦，☰三奇則九，而其揲亦九，策亦四九三十六，是謂居一之太陽。坤之六畫，純陰也，冬至一陽生，則坤變乾之一爻，得策三十六，六爻之策，一十八變而大成，揲得二百一十有六，故曰進陽火也。

防危慮險章二十六

防危者，防其龍之獰惡為患，故存心而養之，龍卽喻我之性也；　慮險者，慮其虎之猖狂為害，故修身而立之，虎卽喻彼之命也。倘龍虎交戰，頃刻身心有變，稍有不謹，反生為殺，豈不危險者哉！　故丹書云：「七返還丹，在人先須煉己持心。」心者，一身之主，萬化之柄，性在乎是，命在乎是，若居其所而不動，何有危險之可慮者哉！

温養沐浴章二十七

温養者，在百日工夫之後也。胎凝丹結，神氣融和，斯時火怕寒，水怕乾，陽不敢進，陰不敢退，惟以眞息内煉，妄念外絕，内俱不出，外俱不入，若亡若存，如蟾養光，似雞抱卵。猶朱砂產於夏至，陽極陰生，火旺之鄉，秋以内，當以文火温養之，而外不可用以武火也；　金鉛生於冬至，陰極陽生，水旺之鄉，春以外，當以和氣沐浴之，而内不可加以肅殺也。修身做此，則金丹之事畢矣。

築壇入室章二十八

擇地於市廛之中，盜太和之氣以為丹本，外護丹友，同志者二三人，遞相規覺，不可執一自專。所擇之地，上應天星，下來地脈，壇立乎中，結室容身，四面留竅，懸鏡五面，香燈道具，琴劍花瓶，晝夜如一，內外眞白。更有作用，在於口傳心授，不可形於紙筆。

十月懷胎章二十九

即前乾坤交姤，三百日內，九還之大造化，都來三萬刻，刻刻要中和，毫髮無差忒，嬰兒現金色，到此地位，更加防護，倘有所失，則前功俱廢矣。

調養出神章三十

如養小兒法，不可有驚懼，不可有飢寒，時時刻刻惺惺觀，在風雨寒暑，不可縱之於外，凡有一切幻境，俱不可認。惟此一箇，乃是道理，以虛而乳之，待其千日老成，方許遨遊海島，再行面壁之功也。

移胎換鼎章三十一

陽神出入純熟，按捺住，移居上田，向百尺竿頭不着力處，再進一步，謂之神出中州。重整乾坤，再安爐鼎。此時招彼太空之精，煉我虛無，與道合眞，子又生孫，千百億化，其妙無窮，故曰「打破虛空為了當，此是吾家眞歸空」。這段妙訣，不可形於紙筆也。

九年面壁章三十二

煉虛既合於道，所用一切世間法，悉皆委棄，草衣絕粒，靜養於懸巖孤壑之處，對壁九年，形如槁木，心若死灰，骨萎如柴，面如猩血，唇如丹砂，眼如點漆，行若奔馬，氣如煙生，不飢不渴，寒暑無侵，壽永天地，六合同春，形神俱妙，隱顯莫測。惟積功累行，以候上帝宣召，白日飛昇，大丈夫之能事畢矣。寂然不動，萬物皆空，體若太虛，名曰靜功混沌，脫然無所罣礙，此吾家眞歸空也。

終南洞天普潤眞人 述

玉符直指註釋

龍門後學如道人 校閱
蒲團子 校輯

本身第一章

和鶴曰 此章言生身之象，受炁之源。指出玄關，俾知所止，從此下手便有著落矣。

空塵敵照，依欲摩元；　中無成點，混沌之先。

和鶴註曰　此言生身之初，空光摩塵，塵音摩空，依附先天欲念。元陽滴水，水中安放一竅，是為眞無。眞無者，先天之眞竅也。眞無卽為妙有，知其妙有而先天之炁從此潛矣。

雲英釋曰　欲為因，塵為緣，和合於空而元神現；空為因，欲為緣，和合於神而元氣聚；塵為因，空為緣，和合於欲而元精生。斯時胎元一點，一點之中間，眞無從此而現，妙有從此而函。蓋一點象坎，而一點之中間卽坎中之一畫也。

微風激動，滴水分源；　一蒂雙莖，鼻祖深淵。

和鶴註曰　虛則自動，動則微風於是吹激，元水從此凝質。中舒一蒂，卽前眞無；旁達雙莖，斯為雙腎。雙莖升絲，融為鼻竅。由此觀之，先天眞無一竅，豈非鼻祖乎？

雲英釋曰　天之生也，風吹水翳，逐層盤結；　人之生也，亦然。先生兩腎者，天一生水之義。腎有兩者，一德在知，一德在守也。

初息非炁，是為眞息；　初炁非息，是為眞炁。

和鶴註曰　此言在母腹中不用鼻為呼吸，而以臍為呼吸。夫先天元陽一吸而為初息，所以内呼吸者，吸先於呼也，由是而隨母呼吸矣。然一吸而成初息，非後天鼻中之息，故曰眞息。眞息呼吸，元氣渾然，非後天水穀之炁，故曰眞炁。

雲英釋曰　初息為吸天地之元炁入焉，非後天之炁息；　後呼吸天地之元炁應焉，非後天之息。入焉者，不入之應也；　應焉者，不應之入也。

環周十二，神室圓明；　十月沐浴，火足飛輪。命源風翻，性門雷行；元音聲振，命立齊分。　先天神室，不動眞尊。

和鶴註曰　此言先天呼吸旋轉眞無一竅，鼓成方圓一寸二分，以應一年十二月之節炁。十二月周天氣足，而嬰兒十月而生者，返修之功於卯酉二月停符，方謂沐浴。而今之先天呼吸，若亡若存，乃時時沐浴也，故曰十月沐浴。由是性命雙完，雷風斯動，嬰兒入世，囫地一聲，先天元氣纔從口升，而天地眞炁便是一合，卽時元氣迴旋。臍帶一斷，原在本處一點眞無定焉。玄關卽生身之初一點元水中間眞無之一竅也。

雲英釋曰　此段指明玄關。聖人從生身之最初層層說來，以明玄關乃先天之本然，天地之眞玄，而非後天之所得而擬議也。語云「前對臍輪後對腎，中間有箇黃金鼎」，又云「此竅非凡竅，乾坤共合成；名為神炁穴，內有坎離精」，此可知矣。但因向來丹書未曾說破源頭，直從生身一點之中窮究而出，所以學者卽有眞傳，猶未披雲睹日也。世人不知，有以心下腎上八寸四分之中目為中黃，以為卽是玄關。不知中黃一穴，乃從任督交後，周天之時，崑崙落下，則於此穴稍停，以呼龍液，以攝虎精，交合片刻，然後速下玄關。斯其所爾，豈元炁本來之地乎？又或以臍下一寸三分為玄關，不知此地乃後天穀氣逐日所生之所，以之薰蒸葆固夫元氣，乃安爐之地，而非立鼎之地也。修眞之子，不明辨夫爐鼎，何從下手乎？

住身第二章

和鶴曰　前章指明玄關，則知所當止矣。此則因所當止焉，所謂常目在之也。

呼吸之根，念慮之門；存存本有，密密天眞。

和鶴註曰　入母腹時，一吸初息內呼吸，吸先於呼也；出母腹時，一呼通息外呼吸，呼先於吸也。外呼吸所以調內呼吸之寒煖。東南微風，鎔鼓橐籥，調燮溫溫，斯其旨也。呼於此生，吸於此定，故為根；念於此起，亦於此落，故為門。然而不可有意曰我之呼吸在此也，如是則傷其氣；不可有意曰我之念頭在此也，如是則浼其神。蓋此玄關，乃先天一點中之眞無，而眞無之妙則為本有。本有者，不從後天而至，乃天然之本眞也，故曰存存。存存者，存其本存，亦存而又存也。如是則入於密矣。密密者，密中之密，體貼本有也。至於體貼本有，方為天眞爾。

雲英釋曰　玄關中本有，是天然之眞炁，非由襲取而得，故服氣假而伏炁眞。但學者心未虛，炁未靜，則雖本有之眞炁原伏我身，而有所未知也。夫此眞無之炁，彌綸天地，而非有所增；退藏絲粟，而未有所減。修眞之子，不過虛心靜氣行將自現耳，非有所增添於眞無之炁也。卽天地之呼吸，水穀薰蒸，不過利導自然於眞無之炁爾，並非有所積累於炁也。世人不知其旨，或曰服氣通神，或曰積氣開關，烏能識先天之妙用乎？

有無一炁，心息同機；悠揚活潑，花拂春衣。

和鶴註曰　纔以為無，彼已恰恰有矣；纔以為有，彼已恰恰無矣。豈非一炁之靈有無莫測乎？然則於何而消息之？以息為車，以心為牛，亦以心為車，以息為牛，相依相抱，機實情忘，此卽申言。

雲英釋曰　先天一點之眞無，卽為萬化無窮之大有。彼固非人之所得而無，亦非人之所得而有也。能知斯旨，可以觀斯炁之伏矣。心息同機，所以觀之也。善於觀者，如花片之拂衣，亦勿助勿忘之義。然而勿助勿忘，猶屬在我之消息，究非花片拂衣之旨；此處非人非天，非後非前，卽此二語，猶屬兩端擬議，究非花片拂衣之旨。如有會心人，便輕輕領去矣。

勿預其心，眞機在目；水吸陽光，圓珠晃煜。

和鶴註曰　此處指明返照之眞旨，是修眞象陰陽之分辨也。夫先天一點眞無分精於兩腎，而兩腎之眞凝而為雙瞳，乃我身之日月也。所以開眼外觀，畢照天地萬物，此其陽光騰越也。若能以此光返照深淵，久之，一點眞無有不重新現出天地萬物者乎？陽神者，天地萬物之全身也。所以垂簾返照，水定珠鮮，得此陽光方能蒸變。若不悟此目機，而徒以心照，雖能知先天有無之體用如上文細密所示，畢竟居於陰界，終屬陰神。所以此處乃陰陽分辨之喫緊處也。然而「目照」「心照」又如何分別？曰：知其目照，則心照皆為目照。此「知」字卽是眞功夫。而在功夫時，亦不知之知也。

雲英釋曰　知其目照者，重在目也。纔知重之，便與心照者不同矣。若徒曰心照，便不知重目矣。此處陰陽之辨，乃在毫忽之間。蓋心照雖不動念，猶以後天符；而目照純卽動念純，乃以先天合也。心照猶在彼我之間，而目照已破人我之關也。此係煉丹的旨。修眞之子，苟非眞念貞久，未易得聞。心印經曰：「聖日聖月，照耀金庭。」學者雖日誦之，忽而不察，豈悟其間與徒知心照者止爭在毫忽之間乎？

反身第三章

和鶴曰　陽囘於身，故曰反身。喫緊「勿欲開關」。蓋開關愈遲愈妙，不必以年月限也。

無應於有，有應於無；勿輕言復，久炁天和。

和鶴註曰　先天一點之眞無，無也，而日月之光照之，豈非無應於有乎？而日月之光照此眞無純光，皆化為先天之炁，豈非有應於無乎？知此，則先天之炁皆為陽炁，比之僅以眞炁於覺未覺時分先後天者不同。蓋不可徒以先天之炁皆為陽也，須知我身先天亦有至陰之炁，若不得日月現成之陽光煅煉之，豈能皆化為陽炁乎？然而此陽炁不可輕望其復也。蓋輕望其復，是雜以將迎之念，復亦不眞。然而不輕望其復，猶望其復也，而預期之念未忘。直宜不欲其復，亦思眞炁果何往乎，惟有「照」而已矣。日月並無照心，而無時不照。不妨作一念萬年之想，而亦想非有想也。然而水受日月之陽光，久之久之，自然含精育秀，金現珠屋矣。光炁澄涵，摩金生火，自有不期而至之妙也。

雲英釋曰　此與心照炁來之功大有不同。蓋神靜炁符應，後天之穀氣始覺。所以覺者，先天；而覺之者，後天。此猶人之所能知也。若夫光摩炁動，煅煉先天，以化夫先天中之至陰，然後連後天穀氣亦皆化為先天之陽氣，則非人之所易知也。知此雙丸應用之妙，終覺炁一來時方為復爾。復者，一陽生於下也。不有日月煅煉之功，何以為陽乎？若徒神靜氣來，而非日月煅煉，則先天眞炁來時，尚含至陰，其復也非為眞陽。然此眞陽之來，豈容易乎？宜自知耻矣。人生十六而元陽始足，嗟乎情生性蕩，以後屢喪其寶。今之學者，雕斲既多，纔得披衣靜坐，曾幾何時，便曰我將復炁也，豈非不知耻乎？故不敢言復者，知耻也。辨恒久心、貞純志，一念萬年，卽我作功夫毫無應驗，久之終不退心。而況本有之眞，久炁乎應，自有不期而至者乎？所以不輕言復，而復之自眞，而復之自固也。

有無交機，玄關始現；玄關陽回，點竅方顯。

和鶴註曰　此指出玄關中一竅也。前雖說出玄關，知其本有，但為後天氣拘物蔽，雖在吾身，亦不能自現，惟能忘言罔象，神符氣合，方可索之。然非日月與海水相摩相照，即所現亦非眞玄關也。惟知光炁相交，則有交於無，無交於有，有無之間，玄關現焉。有不獨有，卽化為無；無不居無，卽化為有。有無之眞句上疑有脫文，而玄關之陽以回。此為先天眞無中之一點妙有，亦卽先天本有中之一點眞無，而玄關中之點竅顯矣。

雲英釋曰　有無交而玄關定，此活玄關也；玄關復而點竅生，此活子時也。玄關定，則有無交會於黃道；點竅生，則有無皆化為眞陽。從此魚游春沼，鶴舞長空，微火柔金，從微至著，自有不言而喻之眞景象矣。

復則知伏，炁氣同符；勿欲開關，純炁榮敷。

和鶴註曰　方其復也，非從外襲，卽玄關中本有先天之眞炁，向來隱而未現，今方通信始覺爾。若不復，安知其將來之伏？然非光炁相抱於有無之交，豈能通其信乎？夫有無之交，互為先後，時而有以無為先，時而無以有為先。先之為炁，後之卽為氣矣。然而炁氣同時，先後齊符，氤氤氳氳，非火非金，如是薰蒸百日之期，稍為可矣。如至三百日，未為久矣。卽如是而至三年，亦未為多也。此處大忌要早開關。今人動言能七日開關，且有不及七日者，豈知一點微陽，其力未充，苟非久久貞純，豈能過大中極之陰海乎？世人不知，靜坐未幾，眞炁未充，便用提吸外助之功，驟欲開關，遂使眞炁未花而萎、未果而摘，豈不自誤乎？

雲英釋曰　炁之復也，勿欲其開關方得。久炁純和，眞陽貞固，卽前有言「勿輕言復」「亦不欲輕現玄關」。玄關之不輕現，是不欲輕開內關之意。夫內關不輕開，則炁之復也眞。而今之言勿欲開關者，是勿欲輕開外三關也。夫外三關不輕開，則炁之復也足。開內玄關也，卽百日不為遲；而開外三關，卽三年不為久，卽至捷亦待三百日。三百日積三千六百爻符，亦卽沐浴十月之旨。非是，則周天之炁不足，豈敢輕言開關乎？

勿用天目，眞不外馳；上閉下防，元和充腴。

和鶴註曰　光氣相沖，點白元陽上升，可以沖開天目。而戒言勿用者，蓋陽神未現，天目為陰，雖有點陽力能開之，而陽力尚微，羣陰蒙溷，此時若開天目，一片幻現游魂，而眞陽反從之而散越，豈不大可畏乎？上閉者，卽不可開天目之旨，而目之垂，耳之凝，口之閉，亦其義也；　下防者，腹無所漏之旨，動工中有封金匱擦摩之術，亦可佐而行之。

雲英釋曰　修眞之子，斯時玄關已現，元陽已回，尚然不可開天目，而況無是功夫者乎？　然此言不可開天目，恐其外照也，而並不可用天目以內照。　蓋以陽神未顯，天目屬陰。　今人有於靜定中不用肉目內照，而身中現景象者，此為天目陰魔不出，徒知心照窠窟，所以內照止用肉目而不用天目也。　此處乃仙魔之分辨，學者愼而戒之。　上閉最要在閉心，能閉其心，卽下防之要義也。

應身第四章

和鶴曰　玄關之眞金既靈，則水火應念而至。　所謂「水眞水，火眞火，水火交，汞不老」，汞不老卽世人所謂坎離交之小周天也，然而實非小周天也。

火會於水，水會於火；　水火之會，惟斯眞土；　土擒水火，土歸於土。

和鶴註曰　此言純炁之功久而不已，則腎水翕然上升，心火自然下降，而水火互交，會合於玄關之眞土，而水火皆化為土，其土自歸於眞土矣。　且水火所化之土，與玄關本現之土，皆歸土釜之中矣。

雲英釋曰　世人知有先天之竅，而未明後天之竅，先後天之炁與象猶未得同符也。夫心下腎上之中，世人之所謂中黃者，乃後天之火竅也；　臍下一寸三分，世人之所謂氣海者，乃後天之水竅也。　火竅有離之精，水竅有坎之精。　今人不知，而曰玄關之象，猶如連環，或上下連而雙圈之，或橫列而連雙圈之，以為上之火也，下之水也，或左之水也，右之火也，卽在玄關之中，此皆摸擬落空之見。　夫玄關中亦何嘗不有坎離之精？　然而先天之水火也，若不得後天之水火符合煅煉之，卽有先天之水火，亦虛而不實矣，豈得謂陽神之基乎？　學者滯後天而不識先天，與泥先天而不識後天者，俱可哀也。　夫中黃之竅，今人以為秘傳，靜坐時炁候每多現於此。　然而於此始覺者多耳，非謂炁從中黃來也，乃眞炁激動此火竅而現爾。　至於臍下關元，亦每多覺其炁於此動，然此亦穀氣薰蒸於此現，而非謂先天之炁於此來也。　然卽先天一炁從先天玄關中來乎？　然玄關從光炁混交後，而後方現，則此玄關乃吾身神氣之縫，天地有無之竅也。　而眞炁之來，不可離吾身求之，亦不可卽吾身求之矣。　迨夫眞炁存存，水火自朝，火竅生水，一點之眞液滴入玄關，此尚非「一點落下黃庭時」也。　至於世人有言採藥在臍下北海，以為是眞鉛逐日所生之地，其言亦未可盡非。　然而此穀氣之應，卽欲採之，亦不必下求。　譬如龍在半空玩弄明珠，而下見之水，不覺從之而上。　龍珠者，玄關中之點竅也。　點竅凝眞，而水竅中之眞火亦不覺其翕然來會，惟畧存呼召之意，而火水互見，齊會於玄關。玄關乃先天之竅。所謂火遇土而潛，水遇土而止，以後天之眞水眞火，煅煉先天之元水元火，方為眞實不虛。由是其間後天之水交後天之火，後天之火交先天之火，後天之水交先天之水，後天之火交先天之水，後天之水交先天之火，由是而後天之水火皆化為土，卽時同先天之水火皆化為先天之眞土。夫至於眞土，而後乃眞實不虛也。然而後天之水火於水火竅中見之，而先天之水火於何而見之？曰：先天之火，卽玄關中一點之真無；先天之水，卽玄關中一點之眞有也。然則先天玄關中有二點乎？曰：一點黑，一點白。然而點黑也，故點白；點白也，故點黑。則知其非一點，亦非二點矣。

周身第五章

和鶴曰　任督既交，則周身陰陽之氣俱融，然後凝成眞種。靜定七日，温養一月，至此如生身初胎元之初立，亦如成童時一點元陽未走。於元陽未走時遇師指點做功夫，便為用功有基，從此容易修眞。今學者漏洩已久，從始機目照至此，眞種方立，不過如成童時未走元陽爾，尚未曾一日修眞也，故曰築基，言從此修眞方有基也。今人謂此功夫為大周天，而不知實非大周天也。

日月水火，純炁先天；　炁盛流溢，金躍火然。雷動旋風，一箭齊穿；直上崑崙，玉髓平田。餘化甘露，滴滴歸源；　勿輕降下，片晌存焉。

和鶴曰　此言督外之景象炁候也。承上文而言，日月水火，交光煉炁，炁機充溢，自不容遏，水到渠成，瓜熟蒂落，忽然火逼金流，雷鳴風湧。先沖夾脊，自然夾脊兩綫引至尾閭。斯時微意一投，立時從尾閭升起，炁透玉枕。斯時腰挺面正，舌抵上腭，直達崑崙。斯時目睛回照泥丸，先天一片元陽之炁化為玉髓，填補上田。斯時勿輕下降，存注片刻，正是運用填補之旨，亦所以御其奔騰之勢也。而其所餘之炁，化為甘露，渡過鵲橋，降重樓而歸元所矣。

同時前行，亦分後先；　炁符絳宮，觸鼻雲煙。齊到山頭，炁炁同天；薰蒸籠蓋，鉛化為涎。省存火竅，抱汞回鉛；　金木交和，水火成團。五行露秀，日月呈姸；　鎔成一點，神水真玄。潛藏神室，真種靈慳。

和鶴註曰　此任合之景象氣候，與督升之炁同時而至，然亦有或先或後，未必同時者。如未見同時，止可謂之後開闢，而未可謂之任督交也。惟任督齊至，則前後相符，陰陽相應，而後可以為周天。但任之合於泥丸，亦從土星引之而上，如牛鼻之受繩，於是督炁升頂，則任氣符之，是同登於天矣。此先天眞鉛之炁，既至於頂，則化為眞汞，以填補向來損失之眞汞，然後能下降重樓，至絳宮，召攝後天之陰神。於時存注中黃火竅，卽後天五行之炁應先天眞陽之炁。於時日精月華，天魂地魄，混混團團，凝結神水一滴，落下黃庭，牢封緊閉，至有至無，此時方有眞種。譬如生身之初，父之一點元陽，落於母腹中也。

雲英釋曰　督脈起於尾閭之下，後行至上脣齦交而止；任脈起於外腎之上，循毛際前行至下脣齦交而止。督脈領周身之陽脈，任脈領周身之陰脈。陰陽不交，則乾坤或幾乎息矣。任督分行至上下齦交，逢口而斷，舌抵上腭之前，所以交接陰陽上下之氣也。陰陽交則乾坤合，乾坤合則眞種凝，斯後天返先天立命之最初一點也。夫陰陽交而符火於斯現矣。督炁後升，此為陽火；任炁前合，卽為陰符。符也者，同時應合夫陽火也。人身後反屬陽，惟眞炁足則方能開，開之卽為陽關矣，故曰陽關三疊。夫能開陽關，則近仙路矣。人身前反屬陰，雖在凡夫亦無不開，若不開便危矣，然每多陰炁迷離。眞陽從任升起，照破幽陰之地，故曰陰符。夫陽火自後而升，固為進陽火矣，陰符亦自前而起，何謂退陰符也？蓋以眞火前升，照破幽陰，使陰氣於是而退，故曰退陰符也。所以任督交時，陰陽齊會，符火仝源，百脈皆朝，萬神咸到，而後能旋天轉地，呼日吸月，鎔成一點，泥護玄珠，方為修眞之子生身之本也。然此處所言符火，尚非屯蒙之旨，學者未得眞傳，無容混視矣。

停機七日，種息潛淵；微陽纔止，柔炁斯專。前行只一，後行旋天；炁符六候，粒粒光懸；澆培眞種，月現川源。

和鶴註曰　此言眞種既得，便宜深藏靜養，抱一不二，不可隨炁旋轉，聚行周天之功，誠恐眞種散逸。不過滋補後天之色身，不可留作先天之種子，斯得而復失，深為可憫。今之學者，未知七日停機之旨，遂至任其自然，隨炁轉旋，散其眞矣。七日之後，方可因其元陽之動，隨其上行。此時不可復行於前，亦不必復行於前也。逆行到頂，依然存注片刻，然後下降至黃庭，依然存注片刻，復有一粒隱然歸於玄關矣。此時以眞意消息，其行其止，皆是眞意與元炁相應而然也。如是一日一爻，滿足周天三百六十爻符，六候已完，眞種得此澆培之力，粒粒符眞，點白舒光，川源月現，方為築基之功夫也。

雲英釋曰　不隨氣行，此眞意之妙用也。若不用此眞意，則任其自然，便行周天之火矣。眞種纔凝，其性未定，而便用周天之火以沖動之，豈不隨之而散逸乎？所以必須靜定七日而後可以行周天之火也。然於七日之間，愼密護持，不可驚擾微陽，又不可入於昏沉之境。要緊原只在目照。而周天之火不復用前行者，蓋火氣上升於前，乃凡夫之熟境，且其勢易至奔騰，所以必須後行也。七日後，微陽動時，便為子時，此炁深入夾脊，落下尾閭，再升，緩緩而行，至於崑崙，甘露下降，融和一點心液，囘合中黃，隱隱一粒，潛孚眞種，所以「一粒復一粒，從微而至著」也。此時之符火，又以後升為火，前降為符，又以此氣應合天之陽時為火、陰時為符也。每一日之內，除去卯酉二時，初機人竟用子午二時各靜坐行周天一次，如身中活子時至，不能自已，亦不必拘拘於天時之子午矣。

成身第六章

和鶴曰　儒家有「人受天地之中炁以生」之語，昔賢稱此語為理學大源頭。然至細勘，何為天地之中炁，又空空然。胡盧一提，不過如學究訓詁之家曰「陰陽之和」而已。若求其再轉一語，又不過曰「天地間在此至中之眞理，所以云『中炁』也」。嗟乎，數他家寶，於己何益哉？不知造化自然之機，天地自然之妙，糢糢糊糊，反指聖人之實學以為異端，此其人眞為異端矣。蓋自欲逃於天地我身，實理實事之外，而究不能逃，豈非眞正異端邪說乎？夫天地中炁之所以來，乃日斗運行相摩相盪，而萬物以生，歲功以成。故日臨於東而斗指寅卯辰，日臨於南斗指巳午未，日臨於西而斗指申酉戌，日臨於北斗指亥子丑。四時行焉，而為春夏秋冬矣； 萬物生焉，而為生長收藏矣。 冬至日與罡仝至於丑，天地之眞子也，眞子生而水化為土矣； 夏至日與罡仝至於未，天地之眞午也，眞午生而火化為土矣； 春分則斗罡恰恰指辰，與日平分對照，天地之眞卯也，眞卯現而木化為土矣； 秋分則斗罡恰恰指戌，與日平分對照，天地之眞酉也，眞酉現而金化為土矣。 故曰子午卯酉者，天地之中炁也，而卯酉又子午之中炁也。 卯酉之炁正，而子午之中炁正矣； 子午之炁正，而天地之中炁無不正矣。 夫罡於文為四正，乃子午卯酉皆化為土也。 夫斗位乎北為金水之精，與日光氣相摩，則化而為玄元之火，火之成數為七，故斗現七星。 罡星者，乃元火會合金木水火之精而化為眞土，故七星皆為天罡。 是知七星者，天地之樞機； 而天罡者，萬物之玄關也。 此造化之眞機，天命之實理，豈徒天官陰陽家說所能擬乎？ 書有云「惟皇上帝，降衷於下民，厥有恒性」，豈非理學之大源乎？ 子思子實有見於眞機實理，躍然於心目之間，而曰「故至誠無息」。 因其躍然於心目之間，太覺現成，因信口說一箇「故」字。 子輿氏曰：「天下之言，性也，則故而已矣。」後亦不覺說到天之高也，星辰之遠也。 苟求其故，千歲之日至，可坐而定也，豈非天人合一之眞機實理乎？ 故至誠無息，天之所以為天也，卽聖之所以為聖也。 人受天地之中炁以生，所以獨靈於萬物； 聖人能會合天地之中炁以成身，所以獨異於衆人也。

雷門十二，中炁旋宮； 日月聽令，斗指中逢。 雷門炁動，未是眞中； 申寅機到，水火源通。 虎呼海底，龍吸山頭； 龍潛汞添，虎躍鉛抽。 汞添還火，鉛抽返金； 火還煉魄，金返陶魂； 陰尸消滅，陽炁圓明。

和鶴註曰　此言內罡之妙用符火眞機也。外天罡逢每月中炁節則過一宮，每過一宮，卽於此宮本位上起。雷門天罡為辰所指則為戌。夫渾淪中炁不遇斗以指之，則其中炁不動。夫戌者，火之藏。若無所藏，亦何以為動乎？ 此人身眞種卽立，而後可行符火煅煉之功也。夫炁之動處，方為雷門。斗之所指，周天歷徧十二辰，其十二辰之所指，皆為雷門，故有十二雷門也。每指一方，月映日而成晦朔弦望，日則應乎斗以定二分二至。故二至纔交，日罡同至一宮； 二分纔判，日罡平分對照。冬至，月之初三也； 夏至，月之十五也； 春分，月之上弦也； 秋分，月之下弦也； 夏至之後，冬至之前，月之晦朔也。觀此則知日月皆聽令於斗矣。此外天罡之微旨，未能以一時條分而縷析盡也。至於內罡之運用，每月交中炁節後，雷風動處是為戌，然炁方動而未為藥也。行至中位則為水源，水源至清則藥生； 行至寅位卽申之相沖對宮也，是為火谷，火谷虛無則火還。如目下交春分中炁節，雷門在辰，其動至寅時，則遇申值水源而藥生，其對沖申時則遇寅，逢火谷而火還。所以春分而後，是月一辰皆重在寅申二時，為外藥藥生還火之時。其月內之寅時乃活子時也。如交穀雨中炁節後，雷門在巳，則以丑時探水源，未時濳火谷。水源者，日逐產鉛之地，卽北海關元也； 火谷者，乃日逐添汞之地，卽泥丸上田也。夫玄關下指為北海，上指為泥丸，天以斗柄為運旋，人以玄關為斡轉，故如春分節後雷門行來，至申得寅時則宜靜守關元，此時天地至中之炁應之，因身中已有眞種，所以外藥易至。於時在水源守有，中炁化為眞鉛，是謂抽鉛，卽為陽火。夫陽火者，朝屯也。如是應時消息已，使之仍歸於玄關，至對宮則寅遇申時，宜靜守泥丸。此時天地中正之炁，應之而為火，在火谷中存無，中炁化為眞汞，是謂添汞，添汞卽為陰符。陰符者，暮蒙也。如是應時消息已，仍歸於玄關。此火符之功，皆所以澆培灌溉夫眞種也。故二月中炁節後，寅時守關元，申時存泥丸矣；十二月中炁節後，辰時守關元，戌時存泥丸矣；十一月中炁節後，巳時守關元，亥時存泥丸矣；十月中炁節後，午時守關元，子時存泥丸矣；九月中炁節後，未時守關元，丑時存泥丸矣；八月中炁節後，申時守關元，寅時存泥丸矣；六月中炁節後，戌時守關元，辰時存泥丸矣；五月中炁節後，亥時守關元，巳時存泥丸矣；四月中炁節後，子時守關元，午時存泥丸矣；三月中炁節後，丑時守關元，未時存泥丸矣。其正、七兩月中炁節後，在二分之前，至申得卯，至寅得酉，至申得酉，至寅得卯，此時水盛金榮，藥火大旺，宜停機沐浴，所謂「隨緣放曠，任意逍遥」。或時靜照玄關，不必迴旋山海。蓋以寅申有本位之木金，而卯酉又為得令之金木，炁之既盛者，不可使之亢，所以停符沐浴也。而欲存守泥丸關元時，先須默取每日身中時罡所聚之氣，然後守關元，存泥丸，更為佳也。夫時罡所聚之氣，即醫書中所言子時在膽、丑時在肝、寅時在肺、卯時在大腸、辰時在胃、巳時在脾、午時在心、未時在小腸、申時在膀胱、酉時在腎、戌時在心包絡、亥時在三焦，乃每日元氣所聚之地也。如是除去乾坤坎離四卦，蓋以乾為鼎，即泥丸也； 以坤為爐，即北海也； 以坎為水藥，即陽火也； 以離為火藥，即陰符也。此所謂「符火以藥言」也。其餘六十卦，則每日罡炁逢水源火谷之時，各行一卦，所謂朝之屯，綜之即暮之蒙矣，即本時對照沖動之時也，即本位發生上升之藥也。如是一行完六十卦，換一月亦如是，行十月周天符火，偏歷諸辰，天符已畢，中炁沖周，參同契所謂「六百卦終」者，此也。夫屯蒙迭動，金火返還。蓋朝屯消息於水源，本為陽火，而陽火返為水藥，是為金之魂； 暮蒙消息於火谷，本為陰符，而陰符還為火藥，是為火之魄。陶煉金火之魂魄，以之陶煉吾之魂魄。蓋陽之氣能激動，而身之魂最易飛揚，故使之下於北海沉潛之地，以水源之眞鉛留戀之，是所以陶魂也； 陰符混合，吾身魄最易沉滯，故使之上於南山高明之天，以火谷之眞汞鎔鑄之，是所為煉魄也。如是進火退符，陶魂煉魄，皆所以消陰長陽，使陽神現而陰鬼滅。夫人受陰陽之氣以生，不能無陽神即不能無陰神，有陽神所以道心生，有陰神所以人心雜。一陽神為八萬四千陽神，一陰神亦有八萬四千陰鬼。人身之內，自然而然，昭佈森羅，一念之發，便有十六萬八千鬼神共見共聞之。所以一念之善，則有八萬四千陽神喜之，八萬四千陰鬼惡之；至於一念之惡，則有八萬四千陰鬼喜之，八萬四千陽神惡之。陽神欲人上升，陰鬼欲人下墮，陰鬼若不能盡除，豈能超證？故修真之子，將一片真切道心，復其真種，而猶恐己身之真炁不足以消滅陰鬼，故印符天地中和之至藥，密運真罡，斬絕尸鬼。蓋天罡所指，萬鬼潛蹤，所以修真之子，必須深悟而密行之也。若人心繁雜之念交乘，則吾身中陰鬼得力，陽神退避，雖運用內罡，而內藥與外藥不相符契，為之亦無益也。不但無益，以己身陰鬼之心妄用真罡，必為真罡所滅矣，可不畏哉？

雲英釋曰　既得真種以後，世俗工夫於此用周天後升前降功夫，應合陽時陰時，以為陰陽符火盡在是矣。不知周天者，乃斗罡所指，歷徧十二辰，吾身之藥符合天地之藥，遊覽山海，旋合乾坤，使金火返還，魂魄陶煉，而後可以為周天也。夫水源火谷，與玄關上下相應。火谷者，督炁之所會，統領周身之陽；水源者，任炁之所聚，統領周身之陰。故水源之中，至陰肅肅矣，誰能入於杳冥之中乎？火谷之中，至陽赫赫矣，誰能觀於恍惚之中乎？惟能互運陰陽，顛倒子午，而後能以天地之火符煉吾身中之鉛汞也。夫水源為至陰，故於此用朝屯而進陽火，是以陽煉其陰。至陰為午，而反用天時之子，豈非午顛子乎？火谷為至陽，則用暮蒙而退陰符，是以陰煉陽也。夫至陽為子，而反用天時之午，豈非子倒午乎？夫子倒午之中，則真鉛生；午倒子之中，則真汞現。真鉛為地魄，為月華，所以能擒魂而不飛揚； 眞汞為天魂，為日精，所以能升魄而不下墮。夫魂升而魄降，則為死户； 魄升而魂降，則為生門。此修眞之要旨也，而其天機全在寅申二位矣。夫寅者，火之所以生也； 申者，水之所以生也。眞水為坎，天地之眞火也； 眞火為離，天地之眞符也。此坎離中之水火，所以為至藥也。夫申者，庚也，坎中有眞金，而陽生於子下，震現於庚也； 寅者，甲也，離中有眞木，而甲納於乾，乾為天門也。然而申者，甲也，「甲」字象「申」，鉛化為汞，尚未敢上升也； 寅者，庚也，「庚」字象「寅」，左旋而登寶： 蓋不外乎坤艮。坤位乎申，艮位乎寅，皆屬於土。夫水不得土則不住，金不得土則不生，此內罡運子於坤之妙義也； 火不得土則亢，木不得土則枯，此內罡運午於艮之妙義也。商曰歸藏，所以重坤也； 夏曰連山，所以重艮也。夫曰歸藏，必有所以歸之者，歸之者非玄關乎？ 曰連山，必有所以連之者，連之者非玄關乎？ 惟能有所藏而後有所歸，惟能止於山而後覺其連也。故曰「西南得朋」矣，可用陽火而抽鉛之柔金矣； 「東北喪朋」矣，可用陰符而添汞之眞土矣。曰「喪朋」者，是用陰符以息其明，抱養虛無之谷，而不雜擾其眞一，故曰「喪朋」。是知陽火來朝，則虎嘯於北海； 陰符到暮，則龍吟於南山： 所謂「五行顛倒行，龍從火裏出； 五行不順行，虎向水中生」。然水得坤土之制，則虎雄收斂而上入玄關； 火得艮土之掩，則龍猛歸降，而亦下入玄關矣。所以云： 「月月常加戌，時時建破軍；若知庚甲位，便見龍虎吟。藥返西南覓，火還東北行；識破其中妙，丹成謁太清。」又云：「天地盈虛自有時，審其消息自知機；由來庚甲明眞令，殺盡三尸道可期。」又云：「天上分明十二辰，人間分作煉丹程。」又云：「日有合，月有合，窮戊己，定庚甲。」此清靜天元之秘旨，與從古上聖高眞，言言印合。蓋以天地妙有之眞炁，應合吾身眞無之元炁，十月符火周完，炁炁圓明，吾身與天地呼吸相符，轉旋相並，內外打成一片，全身中炁，一念所發，竟有雷動風行、山崩海湧之勢矣。

身為月鏡，含影茹眞；氣炁合中，霞霽風清；人天互照，息息元神。內炁不出，外炁不入；百脈停機，一靈昏默。冥入杳中，混沌七日；是大周天，毫毛珠粒。一絲回覺，月化紅輪；眞陽方顯，卽玉為金。

和鶴註曰　符火功完，吾身之元炁與天地之炁同為一中，內外符合，身如月之與鏡，光影澄涵，自然與天地之眞重重涉入，渾身暢達，不可言說。而學者於此，惟抱息眞中，譬如登高遠眺，霞月凝光，久之久之，忽然天地之炁如鐵針之歸磁石，不覺一吸而進，天地之炁盡入吾身，迴風混合，炁炁不辨。夫一呼一吸，有出有入，雖極微微，尚然眞炁未為圓滿，至此方與天地之氣混成一片，自然外無所入，內無所出，內外一體，息住脈停。此時切勿驚喜，宜放到身心，死亦可矣。而不知此時正是生機，乃人身一段未生將生時之氣機。此語借生身之初喻說也。祖有云：「人能未死而學死，便為仙矣。」此時「冥入杳中，混沌七日」者，蓋僅曰「冥」，猶未眞冥也，今曰「入於杳中」，卽冥亦不可說矣，如是方與天地之眞神混一。來復之期，不覺微微一覺，而從前之月現川源者，已化而為日矣。蓋此時陰氣已消，所謂「潭底日紅陰怪滅」也。月既化日，玉自為金矣。

雲英釋曰　陽氣圓明之候，不特吾身之神為元神也，卽一呼一吸之間，息息眞符，而息息皆為吾身之元神矣。是息息非猶夫凡息，乃混合天地之消息也。迨至一息不來，而微風皆定，眞火焚身，此時人以為無息矣，而不知非無息也，尤非無火也，乃其息皆化而為眞火，火皆化而為眞炁。蓋此時止一片虛無之眞炁，遊徧腠理，歷盡毫孔，在周身之中無有一隙之不到，所以至此方為大周天也，然必冥入杳中，方能如此。蓋非眞死一番，氣必不靈，而神必不活也。篇中提出「大周天」一語，以明任督交之止為小周天。而「月化紅輪」之句，與上文層層相應。蓋自凝眞種，方為一點微陽，迨夫月現川源，築基功立，然後抽添符火，十月既周，久之久之，氣足息停，身心混沌，從此劈破鴻濛，陽神顯日，此書中層次而亦針穿一線者也。十月符火功完後，不必重按天符進退，但於一日之中隨意消息靜定時朝向雷門，或目照玄關，或遊行山海。蓋此時與地中炁通信已熟，所以不拘何時靜定，自然來混合吾身也。至於一息之間，忽然盡收天地之氣，息住脈停之候，則功夫到日，炁機圓時，自然而至，不可勉强預期，所謂「天地入身，迴風混合；時節若至，其理自彰」也。

眞身第七章

和鶴曰　自本身章至此，一線穿來，使人識得生身之本，然後凝成眞種，應合天人，眞陽顯象。至此天地全身渾成太極，眞身出現，應變無方，不過盡此本身之分量。事有漸修，而理實頓具，學者悟之，可以密證是書始終矣。

不神眞神，不息眞息；抱一函三，陽神太極。何以乳之，仍斯三一；乳足三年，一聲霹靂。飛上天門，繁華塵跡；匆炫靈奇，依然面壁。有無之眞，眞一非一。

和鶴註曰　自紅輪呈象之後，此時心目同明，卽後天之心神亦為陽矣。至此始可不拘拘於目照，則知從前符火皆吾身之日月，與玄關斗罡相摩相盪以應合天符者也。恐學者讀而不知書中之玉線金針，特為提明。靈靜眞人曰：「河車搬運九重天，日月煉成金世界」，良有以也。至此陽丹已現，如龍養珠，如雞抱卵，自然變化，嬰兒現象，是為陽神。陽神者，乃元神元炁化生，元精抱養成人，所謂「三品一理，妙不可聽」。此抱一函三，所以為眞太極也。今人入於觀想臍中，便以為守太極，豈不笑破識者之口？夫陽神既現象，是為天地萬物之身將天地萬物之元精元氣元神自然翕然歸之，豈非「乳之」者仍斯三一乎？三年之久，長大成人，一聲霹靂，沖起後關，直上泥丸。在泥丸宮中，種種繁華幻現，天宮莊嚴富貴，宜以塵跡視之，不可炫惑靈奇，仍前面壁，忘機寂照，證入虛無，或入定玄關，或息神山海，使明愈晦而氣愈靈，智彌韜而神彌妙，久之久之，氣化神空，一片有無之眞，陰陽莫測。夫有無之眞，不住於有，不住於無，是名眞一；然亦不遺於有，不遺於無，則眞一並非一之可名矣。

無名氏 著 蒲團子 校輯

地仙玄門秘訣

敘

余嘗竊笑夫世之人，動慕丹道，以求飛昇，輕聽僧道方士淫邪放僻之言，服食運氣以致隕喪其身者，正復不少。甚而以採戰淫媟之事，作神仙求道之方，此又愚之愚者也。獨不思神仙脫胎，亦係死後靈光不昧耳，非血肉之軀可以上升不敝也。迺世人之甘於自促其生而不知悔，可慨也夫。獨此書一切服餌昇舉，半語不及，顯然必無此事。惟清心寡欲，可以却病延年。諄諄是訓，其與世之荒唐者向別。於是喜為書而復繫之言，以弁其首。

乾隆四年歲次己未仲春中浣有二日華亭張子本書於燕京客舍

大丹之道，不外性命雙修。性者，心神；命者，腎氣。神氣混一，謂之雙修。性由心悟，妙在無心；命假眞傳，要須採氣。採氣之訣，不是有心存想搬運身中血氣。一身血氣，皆屬至陰，謂之後天。中有眞陽，名為元氣，乃屬先天。氣運有時，逆行為採。丹道只重一「逆」字。法在夜半子時以後，一陽將動之時，玄門謂之冬至，披衣起坐，內照澄心。

陽氣雖來，初猶未覺，防閒既久，自見兩腎中間一縷金光，從竅湧出，欲過關元在臍下三寸偷瀉而去，惟因起坐，只得逆行。逆行而還歸氣穴，返還既久，日漸氣增。氣至微，以意迎之，使之升於神室，腎氣上升，心液下降。心下腎上，强曰中宫。腎氣屬坎，心神象離，神氣配合曰坎離交媾。交媾數足，入落黄庭，一點微光，形如黍米，一日一粒。黍米漸增，神氣始溢，逼勒上升。衝貫尾閭、夾脊，直透泥丸。由泥丸下降，復落丹田。升降循環五六七遍，又復凝然，有如圓月下浸寒潭，神氣愈盛，下寄於坎離之中，外達於任督之表。丹田至頂，强曰乾坤。河車運轉，仍落黄庭。偏體生光，紅鑪點雪，陽氣日長，陰氣日消，剥盡羣陰，純陽乃復。總之所謂煉氣煉神。至於煉形，别當有訣。

起一身之眞火，煅百脈之濃陰，去下穢濁，退上皮膚，神氣愈清，形骸愈結，堅如鐵石，寒暑不侵，一朝解化，遺蜕長存，形神俱妙，信不誣也。雖然煉神煉氣統在性中，性亂神昏，氣終陰濁，欲超仙境，何異象龍？

煉形之訣大紹約一年可作二三次，每次始初可二三日，以後五六日，不飲不食，不接人事，以腹有飲食則隔礙眞氣不能偏徹一身，豈能盡逐向外？煉形之時謂之分龍。蓋初修仙者，其陽雖盛，尚與後天之氣相混。既雜後天，便非純乾，不能脱出陽神也。若漸與後天形軀分出，則眞陽之氣可以去來自由，遂向頂門飛出，是知先天眞氣乃立體於虚無，藉後天之氣以載之耳。因始出煉形止二三日，以不能久餓也。

丹家有內解、外解。內解者，是從大便瀉出腸胃中之污穢；外解者，是生瘡痍等症，攻出皮膚之疾，隨人平日所受何等病耳。蓋緣眞氣充足，邪氣不能相容，自然發出來也。

第一煉己

道有三乘，上乘、中乘、下乘。世之學者，開口便說清靜無為，忘人忘己。此是最上一乘，初學豈能到此？但須忙裏偷閒而已。偷閒之法，先闢靜室一間，上懸祖師聖像，使心有所歸依。無力構室，隨緣隨處，皆可取靜。禪家所謂「若能靜坐一須臾，勝造河沙七寶塔」是也。方期欲靜之時，轉覺許多不靜，蓋因身中五賊有以致之耳。故必使目不視外而視內，則魂在肝而不從眼漏；耳不聽外而聽內，則精在腎而不從耳漏；鼻不聞香而呼吸在內，則魄在肺而不從鼻漏；口不開言而默默守內，則意在脾而不從口漏。如此，祖師所謂精、神、魂、魄、意攢簇歸坤位（坤為腹）而獨無漏者也。久久純熟，鬧中亦可取靜，而為煉己之事始矣，所謂煉精化氣也。

第二採藥

此功常靜，憑此清靜之功，而行採藥之訣。藥者何物？吾身中元氣是也。人之一身俱是血肉所成，屬陰。惟此一點元陽之氣此即先天之氣。以其雜於血氣之中，不可純謂之先天矣，行於血氣之中，而能目視、耳聽、手持、足行。然人生有此元氣以生之也，所以玄門强名此氣曰命，而又以心中之神强名曰性性命神氣原只是一，强分之者，設此條目，以教人耳，蓋因心氣、腎氣而分言也。以神馭氣，性命合而為一，則曰雙修功夫只在「雙」字。心火炎上，腎水下流，便不「雙」矣。

夫修性者，必兼修命。修命無他，不過採此腎中之氣耳。採氣之訣如何？要知凡人一身脊骨二十四節，從下尾閭穴，至上第七節之傍，兩腎居之。腎屬水，天一生水，夜半子時以後，一陽復生，身中元氣自下而上，恰好行到腎。兩腎中間有一竅，正在七節之中，元氣從此而出，所以人人睡到半夜以後外腎陽舉。陽不自舉，由內腎竅中之氣發出，行到外腎而陽舉耳。當其內腎陽氣將到外腎之時，不妨披衣起坐，垂目閉口，調息綿綿，存想兩腎之間，若有氣從此出此氣玄門謂之鉛，卦屬坎，名曰水中金也，又名白虎。腎絡連心，下動上應，夜夜行功，坐到更餘，方纔就睡。月餘之後，心覺兩腎中間氣動而出，只因起坐，此氣不得順下而行，逆而往上。丹道重一「逆」字。語云：「順則成胎。」順則以此點精氣施之同床之凡母便成胎。「逆則成丹。」逆則以此點精氣施之身中之靈母便成丹。丹者出世之胎，胎者傳事之丹。外腎不舉，便是陽氣不走之驗。

不採之採，是名為採。而所謂煉精化氣者，已在此矣。精何謂化氣也？棲雲先生曰：「人喫諸味與五穀，濁者化為渣滓，津液化為陰精。陰精不經煅煉，便在身中作怪，思想淫慾。只用丹田自然之風，吹動其中眞火，火在下而水在上，水得火蒸卦名既濟，又若鑪火中之水，得火蒸者，自然化為氣而上騰，薰蒸傳透於一身之關竅，是為陰精煉盡而化為眞氣。」

第三交媾

腎氣卽覺上升，便以心氣向下迎之此氣玄門謂之汞，久久迎合，心腎二氣自然交媾玄門謂之小坎離交，所謂身中之夫婦也坎男離女。雖是以意為媒，用意勾引，而夫婦必借黃婆黃卽中央意土也，又曰戊己土。所謂交媾，只在心腎二氣循環於心下腎上之間玄門指此為洞房宮。交媾數足，循環數百徧，落入黃庭黃庭，丹田也。人間之夫婦有夜不交媾，身中之夫婦無夜不交媾。夜夜落入黃庭，則夜夜元氣凝聚，便是積氣。積氣便是抽添。所謂「氣是添年藥」，常人以之延年，玄門以之修煉，皆借此氣為丹頭矣。

第四河車

元氣漸漸積聚於下者，無路可通，只得下穿尾閭而夾脊，由夾脊而玉枕，由玉枕而泥丸，此皆後天通也；又自下丹田有氣一道，踴躍而升，直至泥丸，此胷前氣通也。前升之氣勾引後升之氣，上而復下，下而復上，玄門所謂河車運轉。又云「夾脊雙關透頂門，長令關節氣通透」者，此也。總之，是任督二脈通則百脈皆通。黃庭經云「皆在心內運天經天經即吾身中任督二脈，晝夜存之自長生」者，此也。

任脈起於中極之下，循腹裏，上關元，至咽喉，總任陰脈之海。蓋任由會陰而腹也。督脈起於下極之腧上，寄脊裏，上風府，循額至鼻，總督陽脈之海。蓋督由會陰而行背也。會陰穴穴在兩陰間。人身有任督，如天地之有子午也。

第五 心息

運轉之後，復落入黃庭，自覺黃庭之内，有氣存焉，吾以心念常常照顧，玄門所謂「心息相依結聖胎」，又謂「凝神入氣穴」者，此也。白祖云：「煉丹無別訣，只要凝神入氣穴。」行住坐卧，照顧不移，神氣自然凝一。氣既歸中，鼻中之氣息自微。所謂「調息須調眞氣息」者，此也。然凝一之久，又復周流循環不已。鼻中之氣，接着天地之氣，從鼻而入，接着吾腎之祖氣，與之混合，一齊運行此人也，漸與天合，以為後來煉氣化神之張本，補益吾斲喪之眞氣，正是「竹破須將竹補」是也。又以此氣融化我日逐穀氣所生津液，而生眞精。精盛自然化氣，氣盛自然化神，精氣神充滿於一身，所謂「精從内守，氣從外生」。以氣取精，可以長生，然而仍屬後天，未能超脱，以之却病延年可也。如欲得丹蜕化，必須棄世入山，靜極小靜三日，中靜五日，大靜七日生動，所謂「大死再活」。此時全在道友扶持之。斯後雖見於書而未臻其境，不敢妄為之述也。

金丹

金丹大道圖

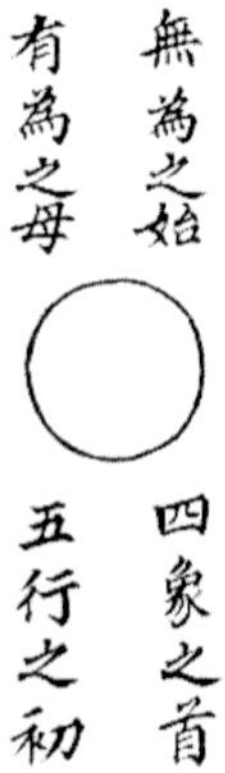

金丹簒要曰：金丹者何也？無上至眞之妙道，金剛不壞之義也。初非別物，本來一靈而已。此一點靈明永結不壞，如金之堅，愈煉愈堅，所以道家喻為金丹。上士修丹之始，必借陰陽五行以成之，其後漸以陽火煅煉眞金。養成眞金純陽之體，徧體生光，此金丹之眞境界也。然鑄金必用鑪鼎，修丹必用靈藥，必用火候。學道之士，必於三者之中一一分明，務知煉己功夫，方許下手。用功努力精修，愼勿懈怠，庶金丹方能有日成也。

鑪鼎

鑪鼎者何也？其鑪鼎之名非一，曰乾坤鼎器，曰坎離匡廓，曰太極神鑪，曰混元丹鼎，曰偃月鑪，曰懸胎金鼎，曰玄牝，曰虛無，曰黃庭。名雖各異，鑪鼎則一。

鑪鼎圖

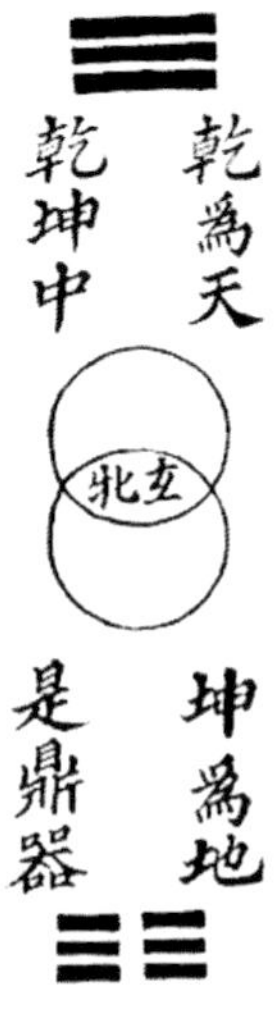

又名玄關一竅，卽是此鑪鼎也。鑪鼎二器，今曰一竅，到底鑪也？鼎也？答曰：頂也。其玄關一竅◯，係鎔藥之所也，因喻曰鼎。玄關之外天然眞火烹煉，不可以名為鑪也。抱眞子曰：鑪鼎之義明矣，何以又名為玄關乎？答曰：至玄之關竅也。凡人之眞息一呼而接天根，一吸而接地根，往來必由關竅，譬若關口然。卽眞息，呼吸必由之關也。畫圖◎者，陰陽交結之象也。是竅也，藏於先天混沌之中，隱於無有有無之內，人之一身八脈九竅，經絡聯腠空間一穴，至虛至靈。度人經有曰：「中理五氣，會合百神。」太上謂之「谷神」。陳致虛先生曰：「此元氣所由生，眞息所由起，神仙凝結神胎之處也。」

抱眞子曰：此一竅既在人之身上，居何所乎？答曰：難言。著在身上便不是，離了此身又更不是。然此非自身親得，焉能知之詳確？惟丹書有云：「乾坤交媾罷，一點落黃庭。」黃庭及玄關，此乃指明之玄關部位也。未嘗乾坤交，安識黃庭落。凡修眞之士，識此一竅，則採取在此，交媾在此，烹煉在此，温養在此，結胎神化無不在此矣。

藥物

藥物者何也？藥物之名，亦非一說，曰嬰兒姹女，曰木龍金虎，曰烏肝兔髓，曰交梨火棗，曰天魂地魄。此等類皆是異名，惟先天元陽祖氣，卽藥物也。曰：大藥三品精氣神，今獨言祖氣，何也？元氣卽元精所化，以元神居之，三者凝於一矣。分而言之，名雖有三，而先天一氣實為藥物。曰：何以為先天乎？曰：父母未生此身，先有此氣，既有此氣，始有此身，非先天而何？蓋人一身皆後天而生，屬陰，惟此祖氣先天而生，屬陽。取此先天之陽，點化後天之陰，換盡陰濁之軀，變成純陽之體，而丹始成。但產藥有川源，採藥有時節，入藥有造化，煉藥有火功。

張紫陽祖師曰：「要知產藥川源處，只在西南是本鄉。」因西南卽是坤方，坤位在腹，而祖氣發生於腹中，此乃陰中之眞陽也。如乾一爻交坤而成坎，坎中原有乾金，所以曰「水中之金」也。以此確據，豈非產藥之川源乎？

其次聯曰：「鉛遇癸生須急採，金逢望遠不堪嘗。」鉛卽金，癸卽水，此時有氣而無質，迎其將生之時，必當乘時而急採之方可用。苟遲，則藥已成質，卽或採之，而亦無所用也。如望後，則月不堪玩賞矣。此非採藥之時節乎？

其三聯曰：「送歸土釜牢封固，次入流珠厮配當。」蓋因既得眞鉛，卽當送歸黃庭土釜之中，愼勿令其走失，再運火龍流珠之汞，如法以配之，方能凝結聖胎。正所謂「採得藥來，收得藥住」，此非入藥之造化乎？

其四聯曰「藥重一斤須二八，調停火候托陰陽」者，緣鉛係八兩，汞亦半斤，其二八十六兩，配合而成一斤之數，如法煆煉，則水可令其枯乾，而火切莫令其寒也。所以云：「水怕枯乾火怕寒。」務要陰陽停匀而水火既濟。此非煉藥之火功乎？

又曰：鉛是先天氣，汞何物也？答曰：鉛是先天氣，汞是後天靈；鉛是陰內之陽，汞是陽內之陰。陰內之陽象坎，陽內之陰象離。眞鉛生於坎，其用却在離；眞汞生於離，其用却在坎。

又問曰：鉛汞既匀平，言採鉛而不言採汞，何也？答曰：汞鉛相投，如磁石之與鉞也。悟眞篇有云：「但將地魄擒朱汞，自有天魂制水金。」修眞之士，既得眞鉛眞汞，何患乎朱汞水金不擒也？

又曰：因聞凡有內藥者必有外藥，內外何以分乎？答曰：外藥命宗也，坎也；內藥性宗也，離也。移外陽之一點而點內陰，又名取坎填離而成乾卦。其實內藥在自己身中，而外藥亦在自己身中，惟體一而用二者也。又有先天之元精、元氣、元神而為內，後天交感之精、呼吸之氣、思慮之神而為外。內者，妙於無形；而外者，顯於有象也。至於清淨頭、彼家尾等訣，且謂藥自外來，想又另有別傳。此非吾之所知也。

藥物圖

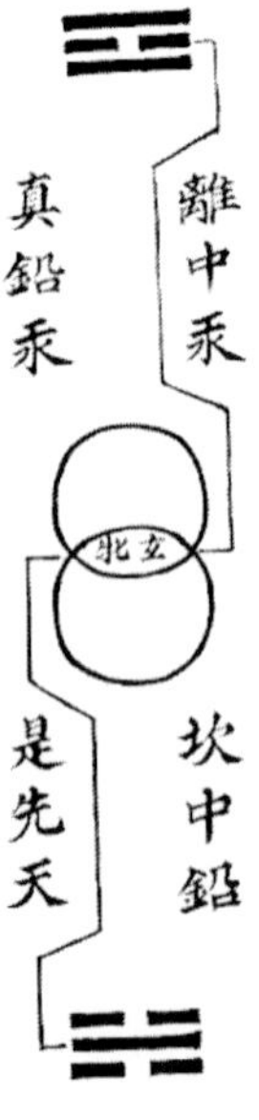

又問曰：其詳細作用可得聞否？答曰：今欲明明言之，又恐洩漏天機；若秘無言，何以破後來之惑，又犯棄道之愆。乃秘訣曰「前弦短兮後弦長，機關切莫向人揚。射入龍宮為斗柄，元陽初動運神光」，此乃外藥之作用也；「眞土擒眞鉛，眞鉛制眞汞」，此是內藥之作用也。外作用是抽坎中之陽，卽煉精化氣之造化也；內作用是補離中之陰，卽煉氣化神之造化也；坎離合體成乾，卽煉神還虛之造化也。外藥可以治病，可以長生久視；內藥可以超越，可以出入有無。內藥無為而無不為，外藥有為而有以為；內藥無形無質而實有，外藥有體有用而實無；外藥色身上事，內藥法身上事。學道必從外藥起，自知內藥；高尚之士，不煉外便煉內也。

火候

火候者何也？火候之名，亦非一說，曰二十四氣，曰七十二候，曰二十八宿，曰六十四卦，曰十二分野，以及海潮升降周天等類。名雖各異，總不過調和神息，卽身中一日之升降。一呼則自下而上，子升；一吸則自上而下，午降。此人身中一息之升降也。邵康節先生謂冬至後為呼，夏至後為吸，天地以一歲為呼吸。人身呼則接天根，吸則接地根，一息之間，天地之氣一周，丹書所謂「一息工夫，自有一年節候」是也。如是煉之一刻，一刻之周天；煉之一時，一時之周天；煉之一日，一日之周天；煉之百日，謂之立基；煉至十月，謂之胎仙。凡自陽初動，採鉛制汞，取汞和鉛，不過此息為妙用。至有元海陽生，水中火起，天地循環，乾坤反覆，無非此息為斡旋，則沐浴温養，進退抽添，皆妙合天機，俱不費力也。若簇月歸日，簇日歸時，簇時歸刻，朝屯暮蒙，晦朔弦望，以為進火之候，殊不知所謂候者，非時候之候，丹書云「既知天癸始生時，自有陰陽應候冋」是也。大抵眞火隨眞息，眞息隨眞氣，眞氣化眞精，眞精歸玄關，元神發眞火，眞精結成丹。內功一切火候之說，至於此已盡悉矣。火候無圖。

煉己

煉己者何也？若要修成九轉，先須煉己持心。心者，一身之主宰。學道之士，萬慮俱忘，一心清靜。清靜經曰：「人能常清靜，天地悉皆歸。」

煉己圖
三点如星象
披毛從此得
心
橫鈎似月斜
仙道總由他

曰：如何心得清？曰：誰令汝濁？曰：如何心得靜？曰：誰令汝動？夫人迷一切事本由自心，悟一切事亦由自心，汝若不著一切想，一切想亦不著汝，不著不執，自心常清靜矣。曰：「念頭動處頻須掃，戰退陰魔育正陽。」又曰：「大道教人先止念產，念頭不止亦徒然。」「止念」二字，正是覓清靜頭路。雜念既消，回光返照，無念之念，即是眞心，所謂「皓月連天靜，寒潭徹底清」。煉己到此，而丹道成矣。

功夫妙用

金丹之道，先須煉己，清虛靜定，方可求丹。擇淨室師友，正身趺坐，含眼光，凝耳韻，調鼻息，緘舌氣。著昏沉則往陰界，著清爽則上陽界，心動則神不入氣，身動則氣不入神。身心不動，惟將一念守於玄關。師云：「煉丹無別訣，只要凝神入氣穴。」暫行暫卧不可離了這箇。又云：「睡法既能知止趣，但於睡衷調神氣。」夜半子時，卽癸生之時也。依前藥物章內口訣，使戊己為媒。戊己者，中央土也。因水火分於上下，金木隔於東西，木為火母，金為水母，若無戊己，則水火不交，金木不併。為媒妁者，用戊從坎到離，用己從離降坎，動乾坤之橐籥，取坎離之刀圭，運日月之雙輪，簇陰陽於一息，時節若至，妙理自彰，恍惚之中見眞鉛，杳冥之内見眞汞，鉛見火走，汞見火飛，却憑戊己合在中宮，水火自然升降，金木自然混融，精神如夫婦交合，魂魄如子母相依，此謂坎離交。交畢落黃庭，便覺坤宮有物，此其驗也。功夫到此，時時覺照，刻刻觀中，久之坤宮眞氣如迅風下穿尾閭，由夾脊過玉枕，上泥丸，所謂「泥丸風生」者，此也。此背後氣升，自下丹田一道氣踴躍而起，由鵲橋直上泥丸，此胸前氣升； 前升之氣勾引後升之氣，下復上，上復下，所謂「上鵲橋，下鵲橋」者，此也。 造化無窮，藥物融盛，忽爾水中火起，兩腎如煎，膀胱火熱，心生煩燥，切莫驚恐，但定心默坐，沉眞土於海底，輕運默舉，一息間，天機自動，從太玄關逆而上至泥丸，藥氣化為金液，甘同玉露，自上腭下重樓，入黃庭還本位，丹田火氣漸微，此金液還丹之妙也。

功夫妙用圖

蓋藥物者，水中金也。 金不自生，必假火逼，所謂「火逼金行顛倒轉，自然鼎内大丹凝」。 從此後升前降，循環無端，至於大靜之極，夾脊如車轉，四支如山石，恍恍惚惚，萬孔生春，心身意、精氣神俱成一家，如在太虛中，不知身之為我，不知我之為身，不知神之為氣，不知氣之為神，夜來混沌顛落地，萬象森羅總不知，此時全在道侶扶持。 入定之後，與他喚醒，醒來慢慢與他湯吃，最要謹慎。 難！ 難！ 不入深山，不能到此。 所謂乾坤交，忽然落黃庭，乃採鉛投汞之機，一日之内結一日之丹也。 到此方得還丹藥生也。 小配坎離，造化大同，乾坤運用，美景眞境也。有云：「金砂入五內，霧散若風雨。薰蒸達四支，顏色悅澤好。」

既得還丹入鼎，用符火溫養，息息歸根，綿綿不絕，如婦人懷胎，如龍養珠，存之以誠，聽之以心。念不可起，念起則火炎；意不可散，意散則火冷。務使操合得中。若遇丹火發熱，兩眉之間存一輪黑光，大如碗口，收入鼎中，其熱卽退。一動一靜，不可差殊。悟眞篇云：「大都全藉修持力，毫髮差殊不作丹。」是已如此，隨日隨時，漸凝漸接，十月滿足，嬰兒現形，移神換鼎，調神脫胎，直到忘神合虛，眞人上舉之能事畢矣。

陽神脫胎

陽神卽吾元神，金液點化，陽火溫養，氣足神全，霹靂一聲，脫胎而出。當神之將出

也，須擇靜室默坐，等候元神自丹鑪中湧出，從頂門上升，離身三五尺，慎勿驚恐。若現諸神怪狀，一切魔景，不可錯認，不可接談，直等空中現一金光，大如車輪，急存正念，將元神射入光中，少頃光小，用意吸入元神宮中，此金丹成就時也。此後如調小兒出，不可行遠，自一步至數百步，復回本宮，演習九九數，俱復如是。或一里至百千萬里，亦復如是。速去速來，出入純熟，聚則成形，散則成氣，隱現莫測，變化無窮，聖而不可知之謂神也。

忘神合虛

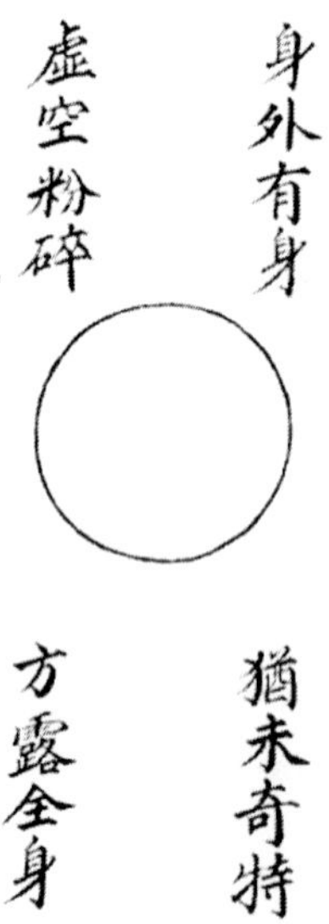

忘神合虛圖

忘神合虛，其妙如何？曰：忘神合虛者，吾之元神與太虛合體也。若言其有，千聖覓蹤尋不得，全身隱在太虛中；若言其無，千江有水千江月，萬里無雲萬里天，乃億萬劫金剛不壞之元神也。

身中證驗

如此修煉，有何證驗否？曰：採藥之始，外腎堅舉不倒，丹田氣滿也，須防走失，保固丹元。眞氣既動，百邪難容，或胸膈煩滿而口吐頑痰，或腹脅疼痛而便下惡物，或偏身汗出，或四肢酸疼，宿疾漸除也。或陰陽擊搏，腹内如裂帛；或關節將通，頂門如雷鳴；或藥物上升，耳内如水潮；或眞氣流通，百脈如蟲行。次口生甘液；次頂降寒泉；次鼻聞異香；次靜中忽覺元神自下丹田跳躍而起，直至頂門；次靜中常聽天樂；次暗室而慧光，或隔壁見物，或内見五臟；次形體光澤；次雙眼如漆；次黚發再生；次行及奔馬；次涕淚涎汗皆絕；次三尸九蟲盡出；次魂魄不遊夢寐；次陽精充體，靈府堅固，寒暑不侵；次志合太虛；次目視萬里；次心知未來；次内神出現；次外神來朝。功完行滿，膺籙受圖，或見火龍飛，或見玄鶴舞，彩雲繚繞，瑞氣繽紛，入聖超凡，逍遥自在。

混沌鴻濛

參同契中云：「混沌鴻濛，牝牡相從。」混沌鴻濛者，一氣未分之時也；牝牡相從者，陰陽混於其中而不相離。當其未相離也，神凝氣聚，混融為一，內不覺其身，外不知其宇宙，與道冥合，萬慮俱遣，溟溟涬涬，不可得而名，强名曰太極含眞氣，或名曰先天一氣，是為金丹之母。勤而行之，指日可與鍾呂祖師並駕。神仙修煉，別無他術，復命篇云「採二儀未判之氣，奪龍虎始媾之精，閃入黃庭，煆成至寶」。蓋採者，以不採而採之；取者，以不取而取之。在於定靜中有非動作可為也。以丹法言之，則寂然不動，返本復靜之時也。是信乎，寂然不動，則與天通，而造化可奪也。翠虛篇云「莫向腎中求造化，却須心裏覓功夫」，可謂深切著明矣。

還金篇云：「鬼神不見處，龍虎定相尋。」先天大道，致虛極，守靜篤，不可以一毫思慮加乎其間。當其深入窈冥之內，竟不知天之為蓋，地之為輿，亦不知世之有人，己之有軀。少焉，三宮氣滿，機動籟鳴，則一劍鑿開混沌，兩手霹靂鴻濛，是謂無中生有，不在塵牢不在己，直須求到窈冥端，豈不信哉？今人不知大道之祖，或指鉛為先天，或指天一生水為先天，或兩腎中間一點明為先天，皆尋枝摘葉之見，非大道之先天也。

煉丹次第要法

第一要知玄關一竅。此竅乃混沌初開第一竅也，人得之而為性命之根，即中宮一寸二分是也，但不可以形跡求之。號虛無之府，清靜之鄉，內有眞陽之氣，自有生之後，散之於一身。所以祖師有曰：「四大一身皆屬陰，不知何物是陽精。」陽精卽眞陽之氣也。又曰：「一點眞陽，秘知形山，不在心腎，而在乎玄關一竅。玄關一竅無端的妙，在眞師一句傳。」皆此言也。按：此竅不在心腎，是眞氣發生之處也。又按：此竅在腎中間，是眞氣發生之處也。

第二要知閉關之開。關者，指陰蹻之穴，在尾閭前、陰囊下，洩精之路也；閉者，趺跏之時，以脚跟抵之。此關既閉，按閉關陽生之後，不使眞氣下行，方為得藥。若待至陰蹻穴，則藥已老，閉之遲矣。諸關漸開，諸脈則開通。閉卽開者，留此眞陽之氣，方能開通關竅也；此閉彼開者，乃留眞氣以通諸關也。一脈通則諸脈皆通，所以「溯流直上泥丸頂，關節纔通便駐顏」，又曰「常使氣通關節透，自然精滿谷神存」。關節既通，正氣流行，邪氣自退，谷神焉不得存？

第三要知調息綿綿。眞息本綿綿，奚以調？為只因身心不定，重樓浩浩而出，不復綿綿。學人含光存神，心息相依，不調之調，順其自然，息定而後氣生，是謂「衆人之息以喉，眞人之息以踵」，又曰「息往息來無間斷，金丹成就合原初」。黃庭經云：「後有密戶前生門，出日入月呼吸存。」清陽云：「玄牝無時交日月，中和極處體乾坤。」覩此，必須調息綿綿，方有造化。不然呼吸之氣，畢竟空勞，眞息在腹中，呼吸之氣在口鼻。

第四要知橐籥風生。橐籥乃鑪匣鞴管之物，往來不窮，即學人調息綿綿之後，用之不勤，方為眞橐籥。仙翁所謂「天地以陰陽為橐籥，人身以玄牝為橐籥」也。橐籥風生，即是內呼吸。

第五要知巽風坤火。前云橐籥風生，即巽風也。巽，順也，順其自然也。巽下斷，陰氣發於下，謂之巽風。巽風即生，坤火必燃，因云「坤居下為爐，非猛烹極煉則不能出爐；乾居上為鼎，非倒行逆施則不能升鼎。所以火非風生不能運動」。故入藥鏡云「起巽風，運坤火；入黃房，成至寶」是也。

第六要知烹煉陰精。純陰之體，陰精者，飲食五穀之精也。苟非巽風坤火，猛烹極煉，此精必在身中作怪，思想淫慾，攪亂心君，務要凝神調息，使橐籥鼓風，而吹火烹煉陰精。陰精化氣，混入一身之氣，此氣再合先天之氣，纔有藥物。仙翁所謂「欲得先天以補後天，須資後天而育先天」是也。

第七要知煉精化氣陰中之陽。前云烹煉陰精，陰精化氣，混入一身之氣，卽此煉精化氣者是也。蓋一身之氣，乃後天之氣，始自先天而生，今因後天行事，故先天退藏，惟知有後天之用，不知有先天之根。所以學人煉精化氣，注意中宮，須臾不離，使後天之氣各歸其根，如子戀母，到此則先天之氣再從竅中發出，化後天為一家。邵子所謂：「若問先天無一字，後天方要著功夫。」李清菴云：「下手自煉精起，精治然後化氣，氣定然後煉神，此眞之外更無眞。」

第八要知先天後天。先天後天者，卽內外二藥也，先天為內，後天為外。學人不知關竅，不辨先後，縱能積聚後天，亦無用也。必須後天積聚，修築城郭，然後先天之氣再從竅中發出，化後天為一家，氤氳結成鉛汞。始則汞投鉛窟，終則鉛度汞關，到此纔言藥物。先天以元精、元氣、元神而言，乃曰內；後天以交感之精、呼吸之氣、思慮之神而言，是曰外。

第九要知鄞鄂已立。鄞鄂卽神室也，神室卽玄牝也。苟非煉精化氣，後天先天混為一家，則鄞鄂何從而立？參同契曰：「混沌相交接，權輿樹根基。經營養鄞鄂，凝神以成軀。」又悟眞篇云：「鼎內若無眞種子，猶將水火煑空鐺。」頂即鄞鄂也。既有神室，即有種子；神室未立，種子何從而胚胎乎？祖師曰：「所謂『中虛寸餘，以安靈汞』者，此也。」

第十要知玄牝闔闢。玄牝闔闢，乃眞息綿綿也。眞息既綿綿，即是乾坤闔闢。緣生生之機，無瞬息間斷，若有瞬息間斷，此身即死屍矣。夫學者必須行持先天後天混為一家，其機自不容禦。太上所謂「谷神不死，是謂玄牝。玄牝之門，是謂天地根。綿綿若存，用之不勤」者，此也。

第十一要知融會交媾。後天先聚，先天後生，先後相參，打成一片。前云混成一家，即此融會交媾也。到此方為坎離交媾一周天也。擊壤集所云「恍惚陰陽初變化，氤氳天地乍迴旋」是也。

第十二要知河車運轉。北方正氣，名曰河車。自坎離交媾之後，氣中生眞一之水，水滿即行河車運轉。前路通達，自然逆升。仙翁所謂「上鵲橋，下鵲橋」，又曰「河車運轉不暫停，運入崑崙頂」是也。此皆自然而然，非有所作為而然，亦不知其所以然也。

第十三要知天人合發。河車運轉，自然逆升，不拘時候，謂之人元。靜坐至八月十五夜，金旺水清之時，天地交媾氤氳之氣，周施與人身，交媾沖和之氣，相應同運並行，所以盜天地之金精，感天地之清氣，謂之天元。直至九次，謂之九轉。仙翁所謂「月夜望中能採取，天魂地魄結靈丹」是也。人元、天元，隨人力量所至。或自人元而至天元，或自天元而了大事。大抵自人元而至天元者多，自天元而了大事者少。

第十四要知河車停止。一身陰氣日逐剥盡，陽氣收回竅內，恍若月魄吸盡日魂，光滿大千世界，又曰「性與命合則長生，日與月合則長明」，到此河車停轉矣。只是忘形養氣，意存中宮，而不著相，終日如愚，一虛靜而已。廣成子曰：「丹爐河車休矻矻，鶴胎龜息自綿綿。」又曰：「著些不意意中意，存箇無心心裏心；煉之餌之千餘日，身無陰氣自長生。」此之謂也。

第十五要知煉氣化神。河車停止之時，行其所無為事，只是虛靜抱一以候之，眞息綿綿，氣自化神。但覺玄關一竅之中，杳杳冥冥，恍恍惚惚，始如火熱，終如雲蓊，腸蟠糾結，壺中夫婦，其歡娛之妙，不可以言語形容，到此方為眞胎眞息。仙翁所謂「胎由息生，息因胎住」者，此也。又曰「修煉到此，積精成形」，亦是此也。正所謂「是性命，非神氣」，方說得歸根復命返本還元，否則終屬後天渣滓，安望成丹也。

第十六要知混沌鴻濛。到此地位，返太極於無極，昏昏默默，大死一般，靜已極而未至於動，陽將復而未離乎陰，其中妙用，卽善閉者無關，善守者無城，善戰者無兵，善治者無民。參同契云「濁者清之路，昏久則昭明」，又曰「觀夫雌雄交姤之時，剛柔相結，而不可解」者是也。雌雄交姤，則神在氣内，氣存乎神，神不可出，乃昏昏默默，如大死一般，正混沌鴻濛之時，少焉神出，仍昭明矣。

第十七要知大死再活。大死者，非眞死也。當混沌鴻濛之際，歸根復命，神凝精結，八脈俱住，呼吸皆無，璇璣玉衡一時停轉，而日魂月魄皆沉於北方海底，恍若氣索命絶，絶後復甦，因曰大死再活。參同契曰「氣索命將絶，體死亡魄魂」是也。

第十八要知雷鳴電掣。到此地位，鑿開混沌，劈裂鴻濛，水中火發，陰陽相擊，聲光迸出，自下元湧起，恍若雷鳴電掣，非譬喻也，乃眞境界也，正是大死再活之時。煉士於此一意不散，順其自然升降，不必規規火候之圖，而火候自符合也。所謂「眞火本無候，大藥不計斤」是也。

第十九要知煉神還虚。到此地位，一味付之自然，但知有靜，不知有神，稍知有神，神必滯而不化。惟不知不著，神自還虚。靈歌云「勤苦之中不必勤，閒閒只要養元神」，又曰「如龍養珠心不忘，如雞抱卵氣不絶」是也。

第二十要知金丹點化。金丹者，先天眞陽之氣也。五千四十，經罷符至，若將些些藥點化先天眞陽之氣，卽脱胎而出陽神也。陽神既出，出仍顧殻，養至養陽神强壯，破質而出，身外有身未為奇，還要移爐換鼎，再造乾坤，直到形神俱妙，與道合眞，則先天能事畢矣。仙翁所謂「汞是吾家原有物，鉛是他家不死方」是也。煉士到此地位，有大力量者，或不得金丹點化，照依二十一條行至二十四條止，自然到家。只此二十四條口訣已盡，無復有他說也。點化者，清靜頭、彼家尾也。非道不能用鼎，難難難。今方士會下，先言用鼎，謂先濁後清，不思凡胎俗骨，豈能承受？此又不可解者矣。

第二十一要知煉虛合道。此乃化而不可為也。不知孰為虛，孰為道，遊心於自得之天，一任無為而已矣。因云：「功夫到此，一箇字也用不著。」又曰：「虛既合道，則虛空自然粉碎。」所謂「捉不住眞空，無下手處」，正自此而發端也。

第二十二要知虛空粉碎。向自捉住眞空，眞空以有；今則捉不住眞空，眞空亦無。捉住眞空，尚有下手處；捉不住眞空，竟無下手處。因曰：「虛空粉碎皆自然而然，全無一毫用心著力可言矣。」學者以意會之始得。仙翁所謂：「若還果熟自然紅，莫問如何修種。」

第二十三要知超出三界。此是形神俱妙，與道合眞，縱橫自在，無礙逍遥，非人非佛非仙，亦人亦佛亦仙，五行固不能拘，至聖亦不能測，故謂之道也。

第二十四要知子又生孫。到此地位，宇宙在乎手，萬化生乎身，聚則成形，散則成氣，千百億化，無礙無邊，仙翁所謂「一載生箇兒，箇箇會騎鶴」。仙翁又云：「學人何必苦求師，洩盡天機只此書。」除此二十四條，皆旁門小法，不足取也。伯牙高山流水秘，非鍾子期孰能聽之？

按：廿四條，由下手以至神化，字字闡明，實蒙祖師眞言之諄切，極當珍之秘之。

此書原為鈔寫本，惟是何人所作者，無名。其初亦或鈔寫家未經意，致將著者之仙名遺漏矣。

中華民國二十三年歲次甲戌五月在北京得之，於丁丑年十月十五日玄門後學杜興培敬錄

汪東亭 著

性命要旨

首序

試看世上之人，不求於名卽貪於利，而不貪不求者，蓋亦鮮矣。惟修道之士，體混元之本，法天地之樞，立為洪爐大鼎，以煉其眞，毫無罣礙，隨緣安止，故不與世俗等類也。予於是年作客漢皋，適遇柯翁懷經、汪翁東亭，丰姿俊秀，品格高超，飄然有出塵之表。復探其行止，二翁常甜僻處，促膝論道，津津有味，無日不然。因謂曰：「二翁之學，志在一身，何不著書廣行天下，教後世人人修其慧命，同臻壽域，以建功德之不朽？」二翁答曰：「子之所言者善也，然道至公，豈敢私於一己？不費苦心切究，不遭明師指點，又焉能聞斯大道乎？」頃卽遂出書二帙，以示比閱之。乃知養性編柯翁所作，性命要旨汪翁所著。退而讀之，一文章華美，學業功宏，克繼黃老之道脈；一辭旨淺顯，義理精詳，盡露鍾呂之玄機。守勸以刊刻，兩卷合成一部，公諸海內，以預學者採藥煉丹之捷徑，超凡入聖之慈航也。恐悞入旁門者，得遇是書，可能去旁而歸正；有被偽師所惑者，得遇是書亦可知偽而悟眞。闢其異端，得入正道，不負二翁壽世一片婆心。爰不揣固陋，作序以誌之。

旹光緒十五年荷月天貺日新安弟程守一拜序於雲鶴山房

自序

蓋聞玄學，自黃帝問道於廣成子以創其始，老子著道德經以發其源，亘古迄今，成仙得道者，莫不以黃帝、老子為宗也。予生性嗜慕玄學，搜羅丹經子書，博覽經史道籍，歷有年所，無非頗明其理，未得其訣。是以浪跡江湖，徧越名山，覓訪明師，十有二載。一日由匡廬經過，偶遇天秩吳翁，覩其丰神灑脫，必非常人也，故請問玄旨。答曰：「子雖有仙緣，誠恐始勤而終怠。」予以弟子禮事之，復詢其訣，師乃大發鴻慈，遂傳七返九還金液大丹之法，火候次序之妙。予已心領神會，豁然貫通，乃知大道原在己身所得，決非向外求也。嗣後至漢，又遇柯懷經、李雲嵐、周俊夫、柯載書等四五道友，同參切究，頓悟全旨。始知起手性命雙修之理，生人生仙，同出一源。下手功夫，明白玄關，一陽初動，神入炁穴，化生機緘； 次，地果還生，腹中覺有一物，活潑潑如盤走珠； 次，鉛汞交歸真土，仍從竅內發出先天真鉛，謂之藥產； 次，藥物採歸爐裏，封固停息，以伏神氣； 次，氣滿督任，子進陽火，聚於乾頂，卯沐浴以益其鉛，午退陰符，降歸坤宮，酉沐浴以益其汞； 次，周天行滿，鉛氣飛盡，煅成一塊乾水銀，斯為丹矣； 次，用七日採功，神攢入鼎中，大藥始萌；　次，煉到火珠呈象，採大藥出爐，運行大周天，穿過後三關，降下重樓，落入黃庭；次，靜養道胎，養到十月胎圓氣足，遷至上田；　次，寄居泥丸，百日冥目，始見天花亂墜，則出神之景至矣；　次，調神出殼，初出頂門，俟金光如車輪之大，卽收歸於上田；　次，一出一入，漸漸純熟，能通天達地，遂以身化身，愈化愈多，不可勝數，古人謂之千百億化是也；　次，萬殊復歸一本，煉神還虛，功行圓滿，永作帝鄉之客。俾學者閱其綱領，庶不致前後之混雜也。因不揣譾劣，勉成書一卷，名曰性命要旨，彰明玄學，大開道門，亦不敢以為己作，引諸仙口訣而證之，願天下人人，修此大道，超昇上界，同享天福，是予之厚望也夫。

旹光緒十三年仲秋月中浣海陽汪東亭序於北學草堂之玩月軒

體眞山人性命要旨

安徽海陽汪啟濩東亭氏譔

性命篇上

大道起手，在乎性命； 兩者合一，得其把柄。

學問之大，莫大於性命。 性命之學，不明於世也久矣。 故今將性命之玄旨，遂以發明之。

蓋人父母未生之前，本來性命合一，到十月胎圓氣足，形動胞裂，猶如高山失足，囫地一聲，而性命到此則分為二矣。 自此性不能見命，命不能見性。 少而壯，壯而老，老而嗚呼。 是以上古至人，大發仁慈，教後世學者，再入胞胎，重造我之性命，將我之神氣，入於竅內，合而為一，古人謂之性命雙修。 而性命雙修，斯為仙道； 男女交合，斯為凡道。 凡道仙道，其道一也。

凡道以女嫁男，仙道以男嫁女； 凡道汞去投鉛，仙道鉛來投汞； 凡道未濟，仙道既濟； 凡道是順，仙道是逆，順行有生有死，逆修萬劫常存。

凡道婦人懷孕後，有一物如豆子大，覺在臍下跳動，醫書謂之「胎原」。胎原者，人身從此發源也。由是而五臟六腑，由是而四肢百骸，由是而能視能聽、能持能行，由是而能仁能義、能禮能智，由是而能聖能神、能文能武。若達此理，乃凡父凡母交，凝成一胎原也。

仙道自結丹頭後，亦有一物如豆子大，覺在臍下跳動。惟斯命寶，上天所秘，聖賢仙佛，留下丹經子書，僉不肯明言直論，巧喻設象，萬號千名，無非此物，無非此竅也。如不諳此竅，而欲修道，眞是涉水捕雞兔，登山索魚龍矣。三丰祖師云：「修煉不知玄關，如入暗室一般。」苟或不知玄關，但從何處採取？從何處烹煉？眞種從何處覓？藥物從何處產？爐鼎從何處立？周天從何處運？陽火從何處進？陰符從何處退？卯酉從何處沐浴？小周天始終功夫，靡不在玄關用事。若達此理，乃聖父靈母交，凝成一玄關也，紫陽眞人云「此竅非凡竅，乾坤共合成」是也。

凡道無胎原，不能生男生女；仙道無玄關，又豈能成佛作祖乎？學者先明玄關之理，待後行功，心有主宰也。得此法者，至簡至易；不得此法者，愈繁愈難。自知一天必有一地，一日必有一月，一男必有一女，一龍必有一虎，一龜必有一蛇，一雄必有一雌，一陰必有一陽。易曰「一陰一陽之謂道」，呂翁云「玄篇種種說陰陽，二字名為萬法王」，三丰祖云「女子無夫為怨女，男子無妻是曠夫」。天下萬事萬物，莫不有對，若能知二八同類，三五合一，自然語一悟百，豁然貫通。再加平時熟讀丹經，仔細參悟，則無弗明矣。後信心愈堅，而功行愈篤，如撥開雲霧而得見天日也。抱朴子曰：「世或有好道者，不見此法，不遇眞師，無由聞天下之有斯妙事也。」少年下手，立見效驗，若不能頃刻見效，便是偽師哄弄愚夫，烏足信乎！

然道有三秘，一曰採取，二曰藥物，三曰火候。三者之外，更有玄關，三丰所謂「不識玄關端的處，眞鉛採來何處安」；只知玄關，而不知採取，紫陽所謂「鉛遇癸生須急採，金逢望遠不堪嘗」；只知採取，而不知藥物，紫陽所謂「鼎內若無眞種子，猶將水火煑空鐺」；只知採取、藥物、玄關，而不知火候者，上陽子所謂「外火雖動而行，內符閉息不應，枉費神功」，以至逐節功夫，文武火候，亦如算法，九九八十一歸除也。其中細微，教人見子打子也。

於是調息之法，人能知進氣者，其心愈細而氣愈微，只消數十息，多則百餘息，自然氣伏於下元，則其息長而遠矣。出於三焦之上，則其息短而促矣。所以靈龜千歲者，善調息之故也。

常將日光下照，海水自然上潮。潮信至，則先天氣生，入藥鏡云「先天氣，後天氣，得之者，常似醉」是也。

夫天氣下降，地氣上升，而萬物始生；　男精和於女血，而胎原始成。丹道亦然。旌陽祖云「與君說破我家風，太陽移在月明中」，又云「日精若與月華合，自有眞鉛出世來」，柯懷經云「日裏金烏，飛入廣寒」，此所謂心中之陰氣，去和腎中之陽氣，陰氣得此陽氣，則有安身立命之所也。

朝元子云「南邊血是砂中汞，北畔精為水內鉛」，柯懷經云「風吹楊柳鉛情現，雨洒桃花汞性開」，馬自然云「鉛汞鼎中居，燒成無價珠；　都來兩箇字，了盡萬家書」，鍾離翁曰「除却鉛汞兩味藥，其他都是誑愚迷」。

欲修先天大道，妙在一陽下手。冬至乃一歲一陽，月出庚乃一月一陽，子時乃一晝夜一陽。學者須明白我身中一陽。身中一陽，卽外腎舉也。無念而舉斯為清，有念而舉斯為濁，豈不究哉？　柯懷經云「一陽初動自心知，正是丹家下手時」，華陽祖云「陽生之時，卽起手之時」，能於此時下手，又何疑惑乎？

鉛返之際，運一點汞以迎之，此卽凝神入氣之時也。逐日行工，須藉巽風吹噓，則鉛盡化為炁矣。棲雲先生云：「人喫五穀，化為陰精，不曾煆煉，此物在裏面作怪，只用丹田自然呼吸之氣吹動其中眞火，水在上，火在下，水得火自然化而為炁。其炁上騰薰蒸，傳透一身之關竅，流通百脈，燒得裏頭神嚎鬼哭，將陰精煉盡，陰魔消散矣。」又覓元子云：「陰精者，五穀飲食之精。苟非巽風坤火猛烹極煉，此精必在身中思想淫慾，攪亂心君。務要凝神調息，使橐籥鼓風，而風吹火，烹煉陰精，化而為炁。其武火能採取又能煉鉛，文火能溫養又能益汞，古人謂之文烹武煉是也。」所謂巽風者，後天呼吸之氣，乃母氣也；先天眞一之氣，乃子氣也。以母氣伏子氣，如貓捕鼠，見賊卽擒，則用風之法得也。子時用武火，他時用文火；用橐籥為武火，不用橐籥為文火。然火候未得師授，終難自知。

天道無一息不運，丹道無一息不行，必要行到無息，方成一箇大丹。而先天之氣，來自虛無，眞正迅速。若起大明覺，則入於後天，非先天清眞之氣也。倘稍遲，卽轉經化為濁精而洩，亦無所用矣。悟眞篇云：「見之不可用，用之不可見；恍惚裏相逢，杳冥中有變。」古人比喻親切，今人心內糊塗，反謂丹經不曾直說，良可歎也。每當活子時，外形勃起，神入炁穴，用武火猛煉，少頃陽痿，用文火溫養。或一月之間，或百日之期，則我身內之玄關，自然透露矣。

天秩老師云「人能知鉛汞二物，合成一物，則玄關始立矣」，柯懷經云「玄關本無，待神氣交而後有」，上陽子云「兩者相形，一物生焉」，五化篇云「陰陽相搏，芝菌無根而生也；

燥濕相育，蛸螬不母而產也」。以上言立玄關之法也。

老子云「恍恍惚惚，其中有物；杳杳冥冥，其中有精」，莊子云「北溟有魚，其名為鯤」，魏伯陽云「知白守黑，神明自來」，丹經云「眞鉛眞汞人不識，露出一鈎清淨月」。此章言玄關初立，則五陰之下，一陽始生也。

三丰祖云「玄關往來無定位」，又云「黃庭一路皆玄關」，此二句，蓋言玄關透露已久，活活潑潑，曾無定向。

純陽祖云「玄牝玄牝眞玄牝，不在心兮不在腎；窮取生身受氣初，莫怪天機都洩盡」，悟眞篇云「勸君窮取生身處，返本還原是藥王」，此二段，言透露玄關之所，則男子之氣穴與婦人之子宮是也。而氣穴子宮，其地一也，其位同也。間有不同者，只是中間顛倒顛耳。如何是中間？程子曰「不偏不倚」是也。知此道者，則曰君子中庸；不知此道者，則曰小人反中庸。如何是顛倒？易曰「地天泰」是也。既知顛倒顛，則可以盜天地之機，而成造化。程伊川云「若非竊造化之機，安能長生乎」，陰符經云「其盜機也」。能知盜機者，而命由我不由天矣。

且夫六合內一虛竅者，則上天下地交媾於虛竅之中，東日西月運行於虛竅之外，而萬物得以生生無窮，實因天地之交感、日月之運行也。雖天地交感，日月運行，若無土為根基，而萬物何以發生乎？然五行無土則不全，五金無土則不生，五穀無土則不實，金丹無土則不成。金丹之始終，全賴眞土以成功。蓋土者，意也，却非後天之意，乃先天之眞意也。尹眞人云：「眞意者，乾元也，乃天地之母，陰陽之根，水火之本，日月之源，三才之宗，五行之祖，萬物賴之以生成，千靈承之以舒慘。總之，莫能自悟者，眞土也。」

或問曰：「終在玄關處交媾，何也？」東亭答曰：「不在玄關處交媾，根基何所立焉？金碧古文云『上弦金八兩，下弦水半斤，兩弦媾其精，乾坤體乃成』，卽此義也。」天秩老師云「修煉功勤者，效驗極速，只消三兩月，多則百餘日，玄竅補足，其物上至心宮，下至腎府，縱橫順逆，莫可遮攔」，莊子云「化而為鳥，其名為鵬」，丹經所謂「菩提子」，又謂「舍利子」，又謂「黍米玄珠」，又謂「人參菓」，異名極多，無非喻我身中之種子也，無非喻我身中之玄關也，無非喻我身中之太極也。學者煆煉至此，切勿犯淫，如有犯淫等事，大則必死，小則必瘋，可不戒之？

性命篇下

藥物火候，大小周天；依法煆煉，九轉成仙。

煉到玄竅充溢，爐內自有藥物發生，則謂之眞一之氣，又為先天眞鉛。

張三丰云「只在家中取，何勞向外尋」，悟眞篇云「此般至寶家家有，自是愚人識不全」，陸子野云「家家有箇家家有，幾箇能知幾箇還」，白玉蟾云「原來家裏有眞金」，修眞詩云「隨時藥料家中取」，又云「認取家園眞種子，好收海底白蓮花」。以上所云「家中」、「家家」、「家裏」、「家園」，卽自家之謂，切勿聽僞師之謬解也。

夫藥物欲生，俄頃癢生毫竅，肢體如綿，心覺恍惚，壺中藥氣外弛，玉莖挺硬，丹經所謂藥產之子時也。華陽祖云「此乃藥產之法象，不可驚怪，一起驚疑之念，則神弛氣散矣。務須思慮頓息，以虛待之，不可妄起刻漏之武火，亦不可迷失眞候，靜聽炁之動旺」，沖虛子云「覺而不覺，復覺眞元」。覺而不覺者，陽氣未旺，不宜急進武火；復覺眞元者，陽氣已旺，斯時速當下手採取矣。採取藥物，怎知不老不嫩耶？卽張三丰云「月之圓存乎口訣，時之子妙在心傳」，白玉蟾云「月圓口訣明明悟，時子心傳果不訛」是也。

而藥物採入爐，乃一候武火；封固停息，乃一候文火。達摩祖云「二候採牟尼」者，卽此也；張三丰云「只於二候金丹就」，亦卽此也，又云「尚餘四候有神功」，乃小周天升降沐浴之四候也。

寂無禪師謂「採取，從督脈上升泥丸；烹煉，從任脈降下丹田」，為一周天；許旌陽謂「乾用九，積得陽爻二百十六，乃抽鉛度數；坤用六，積得陰爻一百四十四，乃添汞限規」，為一周天；柳華陽謂「十二規」，為一周天；伍沖虛謂「子進陽火三十六，歇火於卯，謂之沐浴；午退陰符二十四，停符於酉，謂之沐浴」，為一周天；陳泥丸謂「天上十二辰，行至卯位則刑殺，運至酉地則德生」，為一周天；參同契謂「十二箇月，逢春分而榆葉落，遇秋分而麥芽生」，為一周天。其小周天，功法甚多，姑不具論。有行幾十周天而滿足，有行百餘周天而滿足，甚有行數百周天而滿足者亦有之。總之，「凡一動卽一煉，煉而復煉，周而復周」，又云「積之不過百日，則精不漏而返炁矣」。張三丰云「照此進功，築基可翹足而至，不必百日也」，柳華陽云「百日是煉精之名。若少年功勤者，得丹速，則百日可期；若中年年邁之人，未可定期」。

恐有外陽不生者，務要煉到外陽生；而外陽生者，又要煉到外陽不生。而外陽不生，何也？茲因鉛氣飛盡，煉就一塊乾水銀，方得龜縮不舉。佛經云「成就如來馬陰藏相」，黃庭經云「閉子精路可長活」，李虛菴云「陽關一閉，箇箇長生」，圭旨云「逐日如此交媾，如此抽添，汞漸多，鉛漸少，久則鉛將盡，汞亦乾，結成一顆摩尼，是為金液大還丹也」。

悟眞篇云「用鉛不得用凡鉛，用了眞鉛也棄捐；此是用鉛眞妙訣，用鉛不用是誠言」，朝元子云「汞乾鉛自捐」，紫賢眞人云「學者問道至此，則知師恩難報，當盟心於天日之下，誓當成道，以答師恩。若負師恩，如負天日也」，子野眞人云「用鉛之法，如捕魚兔之筌蹄，魚兔賴筌蹄而得之。既得魚兔，則筌蹄無用矣」。張紫陽云：「始於有作人難見，及至無為眾始知；但信無為為要妙，豈知有作是根基。」有作者，交媾也，築基也，命功也，命也者，調藥、採藥、煉藥以補其虧損，則固其命蒂也；無為者，煉己也，性功也，性也者，去三心、滅四相、絕六慾、斷七情，一切俗慮俱忘，則養其性根也。白玉蟾云「性之根，命之蒂，同出異名分兩類，合歸一處結成丹，還為元始先天氣」，誠哉是言也。

煉丹到陽純陰盡之際，自有陽光發現於眉端。已到陽光三現，速當止火。倘不知止足，必傾危矣，紫陽眞人云「若也持盈未已心，不免一朝遭殆辱」。所云止火，止其後天武火，遂用天然文火，悟眞篇云「自有天然眞火候，不須柴炭及吹噓」。於是眞炁盡凝於鼎中，必匿而不出。前文言「小藥先生而後採」，此却言「大藥先採而後生」。須用七日採工。其採法，以雙眸之光，返視於鼎中；以兩耳之聰，返聽於鼎中；以心中之靈，注定於鼎中。一晝夜或兩三次，或四五次。餘時渾渾淪淪，如此行持，到七日之間，懸胎鼎中，則大藥始萌矣。黃庭經云「晝夜七日思勿眠」，易云「七日來復」，又云「復其見天地之心乎」，丹經云「天女獻花，龍女獻珠」，卽此也。

前小周天，以元氣為小藥；此大周天，以元神為大藥。這大藥，煉到如火珠之形，猛然六根震動，丹田火熾，兩腎湯煎，眼吐金光，耳聞風聲，腦後鷲鳴，身有湧動，鼻有搐氣。經此效驗，當採大藥出爐，行大周天之功，以靜而照，以柔而用，待動而引，護持而行，切防蹊路危險之患，則過關之法得矣，伍沖虛云「五龍捧聖」、丹經云「轉神入定」是也。藥當此際，自然流動活潑，必上沖於心，心宮不能透，自轉向下田，前至陽關，陽關已閉，自轉於後，而沖夫尾閭，尾閭不通，由尾閭而奔穀道，如穀道開而未防，大藥洩去，前功廢矣，此名下鵲橋之危險也，須以眞意度過，則無患矣；而大藥沖尾閭不透，自上升夾脊，而穿玉枕，直貫頂門，佛云「一箭身透九重鐵鼓」即此意也，遂向前下至印堂，印堂髓阻不通，恐妄馳鼻下虛竅而洩，洩則前功廢矣，此名上鵲橋之危險也，學者不可不預防也，須以眞意引過印堂，降下十二重樓，古人謂之服食，又云「一粒金丹吞入腹，始知我命不由天」。而丹至於神室之中，點化陰神，謂之取坎填離，復成乾坤定位，此大周天之功法也。

大藥既歸於中宮，須用抱元守一之法。其法如龍養珠，如雞抱卵，古人謂之「養道胎」，中庸曰「道也者，不可須臾離也」、書云「允執厥中」是也。元神寂照於中下二田，相與渾融，化一虛空境界，使元神靜養道胎。守至二三月，則元氣動機甚微，識性漸漸消磨，眞性漸漸靈覺矣；守至四五月，則元炁因元神寂照，以絕飲食，斯為胎仙矣；更守至六七月，昏睡全無，頭目爽快；守至八九月，百脈住停，口鼻絕無呼吸；更守至十月之期，元神大定，已足純陽。華陽曰「十月道胎火，一年沐浴功」，正謂此也。於是功到此際，則能生智慧，自有六通之驗矣。

六通者，漏盡通、天眼通、天耳通、宿命通、他心通、神境通是也。前煉精之時，精不走洩，則成漏盡通，此後方得五通。蓋天眼通能觀天上之事，天耳通能聞天上之言，宿命通能曉前世之因，他心通能知過去未來之事。惟有神境一通，若以識神用事，專喜言人間禍福而不能保扶心君，則入於魔道矣，豈不歎哉？須慧而不用，則能轉識成智，始得性固而胎圓也。

胎已滿足，神以純全，斯時只知有神而不知有氣，則識性死而眞性靈，其胎不可久留，恐有滯胎之患。再用徙法，自中下二田，徙至上田，尹眞人云「五氣俱朝於上元，三華皆聚於乾頂」。靜養百日，直至功純，垂簾偶見六出紛紛，徧彌六合，則出神之景至矣。猛然霹靂一聲，元神自天門而出，愼勿驚恐，驚恐則金光比散矣。如有奇怪之物，不可着認，俟金光如車輪之態，卽收歸於上田，養至七日，再出又旋收焉。一出一入，由近而遠，切勿躐等。

嬰兒幼小，恐迷失忘歸，或有天魔來試，亂我心君，出入必須謹愼，方可成太虛之體。古人云「道高一尺，魔高一丈」，倘煉己未純之士，多由此境而壞也。若乳哺三載，陽神老成，自可達地通天，入水不溺，入火不焚，入金石無礙。歷徧此驗，方行煉神功還虛一着，九年面壁功夫，及臻形神俱妙，以待丹書下詔，方證天仙之果，永享無疆之福，古云「天地壞有時，仙翁壽無極」，柯懷經云「萬物歸原只一圈」是也。然言雖淺陋，法自仙傳，後學若潛閱是書，下手功勤，靡不見驗，如能離塵脱俗，九轉丹成，指日可與鍾呂並駕矣。

補遺篇一

男女老少，皆可修行；精詳妙理，一見自明。

男女修眞，俱在己身用事，無非初下功夫間有異焉。男子煉氣，在坎宮下手，坎宮卽臍下丹田，醫書謂之「內腎」是也；女子煉形，從離位興功，離位卽兩乳中間，古人謂之「乳房」是也。劉悟元云：「太陽煉氣男子理，太陰煉形女蹄筌。」須知煉氣是煉鉛，煉形是煉汞。男子不知眞汞，是有陽無陰；女子不知眞鉛，是有陰無陽。所以男子修眞降白虎，女子修眞斬赤龍。末後功夫，男女皆同也。男子知眞汞，則知末後煉形一著；女子知眞鉛，則知末後還丹一著。紫陽所謂「後行長」也。

於人年老精神衰敗，又無陽生，意欲修道，多有畏其不能也。三丰祖云「人老原來有藥醫，訪明師，問方兒」，豈虛語哉？今不待訪問，遂以此方兒告之。必先擇一靜室，邀三兩知己同伴，行住坐卧，俱隨己意，毫不勉强，照此進功，積神生氣，積氣生精，積之日久，飲食漸加，四體輕快，丹田温暖，外陽勃興，從此一靜，則生機發動，不期然而然。此却非術，理固如是。似水貯久生蟲，其義同也。

以上盡言男女老人修行之訣，以下言汞生之旨。

靈源大道歌云：「休論涕唾精津氣血液，達本窮源總一般；此物何曾有定位，隨時變化因心意。在體感熱卽為汗，在眼感悲卽為淚，在腎感念卽為精，在鼻感風卽為涕。縱橫流轉運一身，到頭不出於神水；神水難言識者稀，資生一節由眞氣。」一切常人，每到夜間睡熟，亦有陽生，不知採取，可惜當面錯過矣。圭旨云「陽精日日發生，世人不知翕聚，散在周身，變為後天之汞也」，可見終日所作所為，無不是汞用事。一到夜間，汞少，必昏沉睡去矣。及至年老，海水枯渴，而無潮信，此是汞不流潤，精水絕矣，精路閉矣，眼睛昏矣，耳朶聾矣。故曰百姓日用而不知，是不知汞用盡矣。

蒲團子按 引文靈源大道歌首句應為「休論涕唾與精血」。

欲要朱汞常存，須得水鉛以制之。悟眞篇云「須要制伏覓金公」，參同契云「太陽流珠，常欲去人，卒得金華，轉而相因」，又云「河上奼女，靈而最神，將欲制之，黃芽為根」。曰流珠，曰奼女，皆指眞汞而言；曰金華，曰黃芽，皆指眞鉛而言。丹經云「命無性不立，性無命不存」者，此也。故曰煉精化氣，煉氣化神。神卽汞，而氣卽鉛，豈不是鉛能生汞也？圭旨云「人見金之產於月，而不知月之光本出於日」，豈不是汞亦能生鉛也？鉛汞相生，風火交煉，及煉至鉛盡汞乾，斯為金丹。而且龜得夜明珠而能脫殼，龍得鬬火珠而能飛騰，蛇得定風珠而能永壽，狐得月華而能變人。異類尚能如是，豈獨人不能得丹？其理明矣。

蓋天地為一太極，各物具一太極。今例以人身太極之理言之，人卽一太極也，鉛汞卽太極之陰陽也，玄關卽太極中之無極也。若夫伏羲河圖，先天對待，上德可以學之，上德者乃童眞之體也；大禹洛書，後天流行，下德可以學之，下德者乃已破之體也。上德下德，煉法雖殊，乃其成功一也。但眞鉛水中金，一與四，孫悟空也；眞汞火中木，二與三，猪悟能也；玄關眞土居中，生數五，沙悟淨也。豈不是三五合成一箇唐三藏也？白馬者，正位居體，美在其中，而暢達於四肢。世之讀西遊者，能知「三藏」二字，則金丹之道無不成矣。參同契云：「三五與一，天地至精；可以口訣，難以書傳。」譬如渡江以船，獲魚以網，無船江怎渡？無網魚怎獲？無法道怎修？饒君智過顏閔，實難強猜。余今直言，願同志者一目瞭然。

補遺篇二

兩者同出，故有異名；兩者同入，一本共根。

「上德無為，不以察求」者，上德是童眞之體，不必求師傳授有為之學，只行無為之功；「下德為之，其用不休」者，下德是已破之體，必要求師傳授有為之學，早行栽接之功。蓋破體者必有虧損，若無栽接，基豈能築乎？故云「氣敗血衰宜補接」，道經云「按年接命以作長生之客」，釋典云「老僧會接無根樹，能續無油海底燈」，呂祖云「嗇精宜及早，接命莫教遲」，圭旨云「果然接之則長生，不接則夭死矣」。今人不明比喻，一聞栽接，卽信偽師，置買女鼎，離形交氣，以為是道，契云「雜性不同類，安肯合體居」。余言栽接，是從自己身中後天返出先天眞陰眞陽兩味藥物頂批云 此眞實移花接木秘旨，丹書所謂九還七返金液大丹也。故三丰祖師云「萬般渣質皆非類，眞陰眞陽正栽接」，又云「陰陽交，鉛汞接」。要知是用本身鉛汞栽接，切莫猜到女人身上。夫鉛汞者，水火也。必要明白水火之根，卽知栽接之義矣。道德經云「此兩者同出而異名」頂批云 老子云「一生二，二生三，三生萬物」，此「同出」也，所以三教經書，異名同出，故有鉛汞之分、水火之別，巧喻設象，萬號千名，然皆不越陰陽之外，總在自己身中，故云愚昧小人得而行之立超聖地。紫清翁云：

「性之根，命之蒂，同出異名分兩類，合歸一處結成丹，還為元始先天氣。」夫元始先天者，即身中水火之根，白虎首經至寶也。

老子云「有物混成，先天地生，寂兮寥兮，獨立而不改」，周子云「無極之眞，二五之精，妙合而凝」。何謂二五？ 二者，六二居内卦，中女，陰也； 五者，九五居外卦，中男，陽也。頂批云　或謂東三南二為一五，北一西四為一五，妙合中央為一五，作三五合一解者，亦通。 内外男女，陰陽和合，化為眞一之陽，所謂「吾善養吾浩然之氣」也，吞入腹中，所謂「刀圭一入口，白日生羽翰」也。 蓋天地間無兩不化，來子易云「對待者數」。 噫！ 乾坤交而萬物泰，坎離交而一身泰。 雙修秘旨，盡洩於斯，謂非儒教可乎？

更進而論之，顛倒聖功之水火者，即易所云「以男下女，是以亨」之義也。 蓋火非尋常之火，其火由坎水生，足以開通脈絡，是為眞陽； 水非尋常之水，其水由離火生，足以降伏薰蒸，是為眞陰。頂批云　經云「心腎原來非坎離」是也。 崔公云「水眞水，火眞火」，又云「鉛龍升，汞虎降」，呂祖云「乾鉛坤汞金丹祖，龍鉛虎汞最通靈」，三丰祖云「眞水火，配陰陽，世人莫要亂思量； 饒爾無為空打坐，不免亡身葬北邙」。 水火尚不能知，從何栽接乎？ 所謂「眞水火」者，蓋水中之火水不能熄，名曰眞火； 火中之水火不能消，名曰眞水頂批云　訪道九省，得遇千餘人，常談曰知眞火者有之，知眞水者未見其人也。 即是眞陰眞陽也。

如再不明，試看前西遊紅孩兒之火，四海龍王之水不能救熄；後西遊火雲樓之火，四海龍王之水亦不能救。必要南海觀音之水，方能了事。夫南者，離也，火也；海者，水也。火中之水，乃身中之眞水也；紅孩兒之火與火雲樓之火，乃身中之眞火也。觀音者，觀内之音信也。音信一至，水火自然既濟。頂批云 經云「兩般靈物天然合」是也。呂祖云「此中有眞信，信至君必驚」，泥丸翁云「精生有時，時至神知」，朱元育云「時節一到，藥物自產」。余見西遊記人參果樹是這一味藥物，栽接女鼎無用愈無疑矣。頂批云 此樹又名草還丹，乃人身天地之根，非觀音之甘露不能栽接。

但識藥物，而不知採取火候，也是徒然。頂批云 經云：「知藥物而不知火候，如鄉人交媾，雌雄在外鼓舞，欲想生子，不亦難乎？」丹書最秘是此三者，非是眞秘，其中有分合内外，實難言也。試申論之：分，則採者採外也，取者取内也，火者神火也，候者眞息也；合，則採取卽是火候，火候卽是採取，故云火候不在採取之外，採取卽在火候之中。一到臨爐，自家不能作主，必要黃婆登壇，分合内外皆聽黃婆號令。經云「黃婆乃中宮主帥」，又云「嬰兒姹女齊齊出，却被黃婆牽入室」。噫！嬰兒能騎白虎，姹女能跨青龍，黃婆只要一牽，這箇神通何等廣大？四象五行全藉土，信不誣也。愈知黃婆能降龍伏虎，黃婆能匹配團圓。不特此也，不刻時中黃婆能分子午，無卦爻内黃婆能定乾坤，丹道始終，全仗黃婆。蓋黃者，中之色；　婆者，和之意。頂批云　中庸云：「致中和，天地位焉，萬物育焉。」大哉黃婆也。來子易云：「主宰者理，此所以須臾不可離也。」及至脱胎，紫清翁云「泥丸宮裏有黃婆」。又西遊記孫悟空每到交戰時，起在空中，自稱曰「認得孫外公麽」，只有黃婆認得清白，識得老嫩。夫黃婆在人為眞意，尹眞人云「眞意者，乾元也」。自得吴師口訣，卽知黃婆是父母未生身以前面目。三丰祖云「本來面目常發現」，是教人認識黃婆也。或問發現可以見乎？曰：易「無思也，無為也，寂然不動，感而遂通」，於此時始得見黃婆矣。頂批云　要知是易「無思也，無為也」。人身本有一部易卦，得者時時刻刻與黃婆對坐，採仙花，飲仙酒，眞箇拍拍滿懷都是春也。

至於下手調藥之法，分則採眞陽眞火戊土也，取眞陰眞水己土也；　合則陰陽和，水火交，戊己疊，而成刀圭也。

以產藥言之。分則要明白如何是壬水、是癸水。壬水陽，癸水陰；　壬水清，癸水濁。壬水是眞鉛，是外藥，是自外而來，故云鉛還向外求；　癸水是眞汞，是内藥，是自身所有，故云汞在家中取。合則歸爐烹之煉之也。

以火言之。文火者，封固、沐浴、止火、温養是也；　武火者，採先天之氣、取眞一之鉛，採坎中之爻、取水中之虎，採黑中之白、取陰中之陽是也。

以周天言之。陰符云「天地之道浸」，來子云「流行者氣」。蓋氣到卽子時至矣，隨用文火浸浸變成武火，比喻冬至復卦一陽從地底漸漸升到天頂，故謂之進陽火，又名乾用九，九者陽也；再從武火浸浸化成文火，比喻夏至姤卦一陰從天頂降到地底，故謂之退陰符，又名坤用六，六者陰也。這就是「復姤自茲能運用，金丹誰道不成功」。訣曰：「念不起，意不散，含光默，眞息綿。」文武轉換，調勻自然，暗合天度，方可謂之周天火候。故參同契以六十卦消長喻之，以一年節候喻之，以一月盈虛喻之。其中更有言不盡底者，參同契已詳載之。故曰「神仙不作參同契，火候工夫那得知」，此所以為萬古丹經王也。頂批云　若無氣行之，謂「外火雖動而行，內符閉息不應」，空勞心力。　又云　或問三十六、二十四。曰：此倣周易用九、用六之義，非實有此數也。　故坤卦不能少一爻，冬至到夏至不能多一日。　契曰「日月為易，剛柔相當」，此二句足為證也。　噫！　若陰陽不勻，豈能成造化乎？

總而言之，通篇所論之理，雖覺明白，要知皆是象言，幸勿自作聰明而自誤也。故紫陽云：「本立言以明象，既得象以忘言；猶設象以指意，悟其意則象捐。」眾仙垂語，雖不一律，然有一寓言，必有一實義，務要得象忘言，得意忘象，切不可泥象而執文也。噫！願我同好，必要堅志，將心鑽入理窟，苦讀數年，一遇師時，眞偽自分，邪正自別，何至當面錯過？如不悟丹書，不明象言，朝王暮李，無怪乎指鹿為馬，以羊易牛，不是置女鼎，便是買童男。不責怪自己糊塗，反云仙佛教我。咄！有是理乎？余心不忍，特補此篇以救之也。

闢邪篇

邪術異端，門户林立，煽惑人心，不可不闢。

方今正道湮没，邪教蜂起，見有在家修道之士，悮入旁門曲徑，執迷不悟者，多也。邇聞俺中土，教門林立，聊以表之：有清靜門、大乘門、金丹門、瑶池門以及姚門、一指門、先天門、大智門、老君門、最上一乘門，種種旁門，姑不盡述，無非教人吃齋誦經謂之修善果，戒殺放生謂之積功德，存思死後必為仙眞而歸閬苑，或作佛祖而歸西天。以此蠱惑人心，敗壞風俗，皇天震怒，官府知之而不容哉！向有在家門祝，出家僧道，揑造科籙，與病人禳解星辰，代老人拜斗延生，或替死人做齋超度亡魂，或遭災厄打醮保護地方，但此外道，焉有斯法力，實乃弄財一大術局而已。且王公學士之家，亦被哄弄，以為前傳後教之事，不曾究及，未必不明其理、不知其幻乎！更有引誘人出家，削髮改粧，學習沙門規矩，謂之皈依佛氏；有開設禪林，招摇四方僧人聚會，用艾火灸頭頂，打七跑香，給文帖衣缽，謂之受戒和尚；有待老死，用火焚身，謂之脱化成佛；有提公案，參話頭，冥心打坐，盲修瞎煉，謂之修行；　有搬運存想，嚥津納氣，守靜觀鼻，謂之學道；　有終日忙忙，募化功德，建修寺觀，實為己身營謀；　有吞日精，吸月華，注想長生而不老；　有步罡履斗，書符唸咒，拿妖捉怪，騙人銀錢；　有用五金八石，講爐火，煉黃白，拐人資本；　有黑夜糾集男女，入立空室，赤身露體，比臍合氣，以為傳道；　有用女子作鼎器，採取首經紅鉛，凝結丹藥，只望白日而登天。紛紛邪術，難以悉舉，概行不義之事，實屬傷天害理，惑世誑人。饒爾逃過法網，料知難逃業報，倒不如改務正業，歸入正道，何等樂哉！　但望天下善男信女，明其弊端，知其妄謬，固不被斯坑陷耳。

太極圖說註解

序

太極之理，微矣哉！ 妙矣哉！ 至無而含至有，至虛而含至實，無形無象，先天而立其體，後天而發其用，不可以知知，不可以識識，擬之則失，議之則非，古人强圖之以○，强名之曰道、曰虛無、曰先天一氣、曰無極、曰太極。 曰道者，無名之名也； 曰虛無、無極者，自未生物時言之； 曰太極、一氣者，自方生物時言之。 其實虛無、一氣、無極、太極，總是道之一箇物事，非有二件。 在河圖、洛書，即中五之中一點； 在先天、後天，即陰陽相交之中一竅。 惜乎為氣稟所拘，人欲所蔽，順其後天之陰氣，迷失虛靈不昧之本宗，流蕩忘返，深可慨也。

僕慕道久矣，乙未冬託足漢皋，適聞汪東亭先生抱道在躬，緣執弟子禮叩以先天後天之奥旨，蒙垂慈答曰：

伏羲氏之河圖而虛其中者，先天也；老子曰「無名天地之始」，性也，卽此物○也。儒有黃中之中，釋有空中之中，道有環中之中，是指天地交成一點靈光也。神禹氏之洛書而實其中者，後天也；老子曰「有名萬物之母」，命也，卽是物—也。儒有精一之一，釋有歸一之一，道有得一之一，是指父母交成一點眞氣也。此先天性命自然配合⦶。欲求雙修，亦復如是。儒曰一貫者，貫此一於中也；釋曰歸一者，歸此一於中也；道曰抱一者，抱此一於中也。有中必有一，有一必有中，中包乎一，一主乎中，卽是性不離命，命不離性，性命混化成此一物⦶，人人具足，箇箇圓成，處聖不增，處凡不減，雖蚊虻蚤虱之微物，莫不相同。邵子云「一物一太極，物物各一太極」是也。第一出母胎，一物卽分為二，及至破體，二又分三矣。於是先天蔽藏後天，坎水下漏，離火上炎，水火不濟，漸至老死，都為尋不著來時舊路耳。權以造端夫婦之道，合仙凡論之。凡道外託媒人說一女子，臨期送入洞房，男子一見，後天心腎合一，外陽勃舉，立成此一物—也，却將此物投入女子此一物○之中，片刻婦人懷孕，此以女嫁男順行之事也；仙道內明本身姹女亦有此一物○也，時至嬰兒出現，先天心腎合一，外陽卽舉，亦成此一物—也，隨請黃婆送入麗春院內，將此物中一線眞炁投入姹女此物○之內，男兒亦片刻懷胎，此以男下女逆修之事也。頂批云

道德經云「下士聞道，大笑之，不笑不足以為道」，吕祖師云「說著醜，行著妙，惹得愚人笑破口」。

究之仙凡雖分兩途，理路實無二致，只爭順逆之分耳。頂批云　莊子云：「樞得其環中，以應無窮。」不觀夫元要篇之詩乎？「却將姹女當時待，勾引郎君自外來」。他如會心集云「九三男子來投宿，二八佳人去安床；黃婆說合為匹配，夫妻相愛似鴛鴦。顛鸞倒鳳神氣合，如醉如癡鬧一場；忽然一點滴元竅，頂批云　呂祖云「眞經一射玄關透，恰似準箭中紅心」，固濟牢封莫商量。從此聖胎已有象，太乙眞精在內藏」，指元集云「自家精血自交媾，身裏夫妻是妙哉」，大成集云「自家身裏有夫妻，說與世人眞笑殺」。總之，千聖一貫心傳，必須分清身內兩重天地四箇陰陽之消息，方有下手處也。

汪師如此云云，令人頓開茅塞。復出周子太極圖說註解示之，再四講求，始知係汪先生草創之，柯懷經先生討論之，古吳孫吉甫孝廉更將文理修飾之裏面，遂成全璧，讀之益覺豁然，從此勤而行之。信乎杏林眞人之言「吾自得師訣以來，知此身必不死，知此丹必可成」。僕非阿所好而誇大其言也，亦非有所貪而虛張其勢也，憶自丁丑病後灰心，銖視軒冕，塵視金玉，垂廿年矣。此外尚可求哉？不過念同志者未逢師指，此事難知，特請付諸手民，以為學道之圭旨焉。是為序。

光緒丙申年春王正月豫章趙抱眞慕韓氏拜書於西昌別墅

周子太極圖

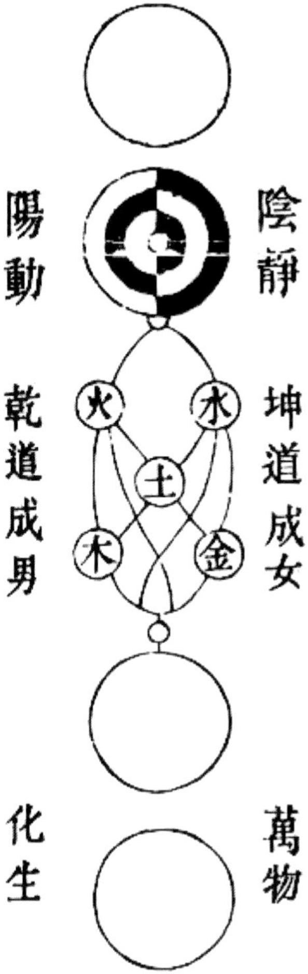

太極圖說

無極而太極。

太極在開闢之前。夫開闢之前，作何形狀，蓋未可知。以人身之太極推之，是必為太極也明矣。若太極之前更有無極，愈不可知。孔子曰「易有太極，是生兩儀」，未嘗言無極也。然則無極究何如者？人之有太極也，由於陰陽交感，其未經交感而散於陰陽者，無極也。天地渾沌之時，陰陽未分，豈有散於陰陽而待交感之無極乎？不知有後天之陰陽，卽有先天之陰陽。開闢以後，後天之陰陽交而成物之太極；開闢之前，先天之陰陽交而成天之太極。則當先天陰陽之未交，其散而無紀者，卽先天之無極也。「無極」二字，陸子疑之，朱子信而註之，特未詳言其理耳。

太極動而生陽，動極而靜；靜而生陰，靜極復動。一動一靜，互為其根。

太極者，何也？卽渾沌也。例以人身之太極，父生母育之時，有一點靈光，明而且赤，與精俱下，以為一身之本，在天曰命，在人曰性，所謂「不離乎氣，不離乎氣」者是也。有主靜之功者，於獨坐時自能見之。東坡詩云「中宵一點落黃庭」，蓋有見乎此也。人本天地以生，天地之太極當不異此。

其論動靜，與漢張子遠異。子遠云「一動而生陰陽」，此云「動而生陽」、「靜而生陰」。蓋有對待之陰陽，有流行之陰陽。對待之陰陽，由動而生，譬如人生男育女，非動不能也；流行之陰陽，或生於靜，或生於動，動靜遞嬗而陰陽不窮，譬如四時之運，冬而又春也。陰陽之流行，卽至誠之無息。周子明言之，欲人從事於至誠也。

動而生陽，其理易知；靜而生陰，其理難知。今特詳生陰之說。靜也者，窈冥之謂也。一元之窈冥在戌亥兩會，一年之窈冥在戌亥兩月，一月之窈冥在末後五日，一日之窈冥在末後兩時，此乃天地自然之道。人能順之，動而無動，而陽孕陰之機；靜而無靜，而陰發陽之用。卽謂之動生陰、靜生陽，亦無不可。蓋動靜互為其根，正周子之說也。

分陰分陽，兩儀立焉。

陰陽分，乃陰陽自分，非分太極為兩儀也。故陰陽雖分，太極自在。若太極變而為陰陽，則太極壞，天地又安得長存乎？以天地言之，乾上坤下，相隔不相通也。以人身言之，離為心象，取中女陰也，心所藏者性也；坎為腎象，取中男陽也，腎所藏者命也。昔人云：「凡人未生以前，性命合一，本為不朽之身。一出胞衣，而性不見命，命不見性，於是凡而不聖。」則陰陽之分，譬如夫妻反目，不復同居，其家不敗者，未之有也。觀此，而下文自然之功用不可少矣。

陽變陰合，而生水火木金土。五行順布，四時行焉。

予觀太極圖陰陽，而心初疑之。其陽動一邊，兩陽夾一陰，厥象為離，於易離為中女，陰也，而今反為陽；其陰靜一邊，兩陰夾一陽，厥象為坎，於易坎為中男，陽也，而今反為陰。即朱子註亦謂火陽水陰。夫太極圖說所以明易理也，孔子云「陽卦多陰，陰卦多陽」，乃敢翻孔子繫辭之案，果何說乎？不知陽變陰合，具有功夫，非如男女媾精，可不學而能也。火陰水陽，乃常理耳。若有主靜之功者，火非尋常之火，其火由坎水生足，以開通脈絡，是為眞陽；水非尋常之水，其水由離火生足，以降伏薰蒸，是為眞陰。推之木能生火，平火以養木，木植火中而質不焦；金能生水，煉水以成金，金沉水底而形不化；火能生土，燥土以培火，火居土下而焰不消。此所以顚倒陰陽聖功之水火者也。不然陰本靜也，何以靜而無靜？陽本動也，何以動而無動乎？至言五行而曰順布，蓋舉時序言之，在天為自然之元貞，在人為自然之終始。非有功夫，而有功夫又在下文矣。

五行一陰陽也，陰陽一太極也，太極本無極也。

此二句復說上文，而顛倒出之。初看甚無大意，不知是由博返約功夫，孔子所謂「一貫」者也。天下萬事萬物，莫非五行悉數之不能終也。歛事物而歸五行，初由格致之精，繼由變通之妙。然使五行各居其所而畛域終分，相生無以資不足，相尅無以制有餘，天地之間，生機必息，故必融五行為陰陽，而分者漸歸於合。然易云「一陰一陽之謂道」，乃指人道而言，若盡人合天，則太極是道，陰陽尤未盡其妙也，故必使陰陽還為太極，於是乎盡性，即於是乎立命，賢而近於聖，宜若可以止矣。噫！詩不云乎「上天之載，無聲無臭」。太極無質而猶有形，終非其究竟也。明太極本無極，又加一層功夫，天地不能限，鬼神不能知，散之則無痕，聚之亦無體，萬古以來，微孔子其誰與歸？

五行之生也，各一其性。

太極生天地，天地各有一太極；天地生五行，五行亦各有一太極。五行之太極，不惟彼此皆同，並與先天之太極亦無不同。太極即天命之性，書曰「惟皇降衷，若有恒性」，曰恒者，明天下蕃衍不齊之數，其性無所不同也。此云五行各具一性，何歟？曰五行亦有氣質之性。試問五味入藥，或温或涼，即各一其性之驗也，非天命之性也。

無極之眞，二五之精，妙合而凝。

上文言五行各性，不專指人身言也。就人身言之，五藏亦五行，而各有性，亦各有無極，但後天之無極，非先天之無極耳。先天之無極即圖中五行水火所綴之無極也。何者為眞？即前所云「一點靈光明而赤」者也。

何為二五？二者，六二居内卦之中，女之少者也；五者，九五居外卦之中，男之少者也。卦以二五為偶，是其定例。此以喻夫婦合而妙，妙而凝，於時無極與精俱洩，而生生化化遂無窮期，地天之泰，如是而已。

乾道成男，坤道成女。

乾坤指父母，男女指小孩。夫無極之眞，乾先至而坤應之則成男，坤先至而乾應之則成女。乾坤各有無極，即各有其眞，而先入者為主，後來者不能爭也。天地之產陰陽，亦猶是耳。

二氣交感，化生萬物，萬物生生而變化無窮焉。

變化無窮，至誠無息也。

惟人也，得其秀而最靈。形既生矣，神發知矣，五性感動而善惡分，萬事出矣。

上文所言，均是天道，而註多就人言。蓋天道難通，就人身以指點較為親切，庶令閱者洞知也。此則專言人事也。

秀而最靈者，何也？蓋羽蟲秉南方火德，介蟲秉北方水德，鱗蟲秉東方木德，毛蟲秉西方金德，獨人為倮蟲之長，秉中央土德，左氏所謂「受天地之中以生也」。惟其受中，故兼日月五星之氣而無美不臻，雖聖凡有別，而其為靈則一也。

形者，氣質也；神者，天命也。五性兼天命、氣質兩端，故感動時有善惡也。苟其行所無事，如大舜由仁義行，非行仁義，匪惟無惡，卽善亦不留其跡，安得有事？而世人之善惡，皆是有心，卽是多事，惡故有罪，善亦無功。萬事之出，就使每事留神，而百孔千瘡，終難彌補，則逐末忘本，揚湯止沸，眞不如釜底抽薪矣。

聖人定之以中正仁義，而主靜立人極焉。

中正者，太極也；　仁義者，陰陽也。以太極為體，以陰陽為用。明體達用之學，内聖由之，外王亦由之，似可以無憾矣。乃聖人不肯自滿，而必盡主靜之功也。夫「主靜」二字，朱子易為「主敬」，後之尊朱子者，遂爭言「靜」不如「敬」，不知「敬」由勉强，「靜」本自然。靜也者，浩浩其天，無心成化，並此主一無適之心，渾而忘之，聖不可知之謂神，而向之中正仁義，亦返虛入渾而不留其跡。人之無極耶，天之無極耶，胡為乎而測？

故聖人與天地合其德，日月合其明，四時合其序，鬼神合其吉凶。

凡此者，皆無心者也。天地不自知其德，日月不自知其明，四時不自知其序，鬼神不自知其吉凶，順乎性之自然而毫無成見。惟聖人拾其全理，渾然泛然應之，未嘗有心求合，而兩間之大，不能出其範圍。蓋其體既立，其用自神，初無顧兹失彼之憂也。

君子修之吉，小人悖之凶。

不修、不悖者，聖人也；修之、悖之者，君子、小人也。夫聖人初無吉凶之見，由博返約，洞燭本原，不必勉其修而自無不修，不必禁其悖而自無所悖，所謂安行也。若君子明知有吉，而為理所範，皇然修之，其功雖有淺深，均能造福；小人明知有凶，而為欲所歆，毅然悖之，其過雖分輕重，均能招殃。精神所至，天地應之，通塞壽殀，胥判如此矣。

故曰：「立天之道，曰陰與陽；立地之道，曰柔與剛；立人之道，曰仁與義。」

此易繫辭之說也。陰陽、剛柔、仁義，誰不知之？所難者，立其道焉耳。立者，立乎其先，而怡然涣然，不著於欲，並不著於理。而陰陽、剛柔、仁義，莫非此怡然涣然者，生生不窮，而左宜右有。謂其陰而又陽，謂其剛而又柔，謂其仁而又義，溥博淵泉而時出之。而所云天地人三道，亦旁觀者分之，而在己並無容心也。斂之藏一心，放之彌六合，握中和之準，定位育之功，非具盛德，其孰能與於斯？

又曰：「原始反終，故知死生之說。」

有始卽有終，有生卽有死。但死生可知，而未生以前，既死以後，則不可知。其說若何？曰：觀乎「復」而一陽動，卽知生；觀乎「姤」而一陰萌，卽知死。不但此也，生者死之本，觀生時之作為，而死可知；死者生之機，觀死時之情狀，而生可知。

大抵人之初生，各有天命，氣卽與命俱，理卽與氣俱，以理攝氣而精完，以氣壯理而神固，生固生也，死亦生也；其在常人，日沉酣於人欲之中，而理久澌滅，其氣雖不遽散，而無以為之主，斷不久長，死固死也，生亦死也。間有能文之靈鬼，享福之庸鬼，啣冤之苦鬼，耿耿一靈，不肯消化，亦但如電光石火，疑有疑無，且難至數百年，況與天地同壽乎？

因思三教，皆名為道，而老氏符籙，釋氏經咒，儒氏詩文，其非本旨灼然。卽數千年以前，老氏深根固蒂、守中抱一，以命而全性也；釋氏和合凝集、決定成就，以性而全命也；孔子盡性以至命，孟子養性以立命，皆為性命雙修，有利無害，豈非生死之說了然於胸中哉？

大哉易也！斯其至矣！

總結上文而言。

後跋

東亭先生，安徽休寧縣鳳湖人也。生平心跡，好積功累行，毫不以功名富貴繫於懷焉。茲於光緒丁亥歲，遨遊漢臯，來予旅邸，謂家嚴曰：「方今明道之士，遥遥海内，未見一人，何其道之湮没，以至如此？」家嚴答曰：「雖陰符、道德傳世，文辭古奥，學者閲之而不解。及後丹經疊出，半隱半露，學者參之而不透。非道之不行，實由道之不明也。」先生因茲大發慈悲，著性命要旨一書。書成之日，見示於兆，受而誦之，純是先天之大道，身心性命之學。古來聖賢仙佛，心心相印、口口相傳秘訣，莫不一一發明之。洵為宇宙間金科玉律，天壤中寶字奇文也。誠意修眞之君子，有緣得遇是書，便可升堂入室，遵法而行之，層層透達，節節見驗，方知先生之道高矣，先生之德厚矣！而天下後世學人，無不沾先生之恩矣。

時光緒丁亥年孟冬月富川愚姪柯兆平頓首敬跋

安徽海陽汪啟濩東亭氏　譔

教外別傳

自序

蓋聞長劍不能緝縫，繡針不能斬斷，巨象不能捕鼠，大鵬不能司晨，此物各有所能也。人亦如是。夫作一切書，皆要文法、章法、句法、字法，惟獨丹書只是一箇「象」字。若以文字醜陋棄之不讀，正是孔子不得不哭麟、卞和不得不哭玉，故曰「下士聞道，大笑之，不笑不足以為道」也。

時光緒二十五年己亥夏日體眞山人謹序

上篇

性命雙修，教外別傳；徹底掀翻，指流知原。

夫性命雙修，教外別傳之旨最秘。最秘者，是先天一點眞陽也。要知這一點眞陽，生於天地之先，長於萬物之前，圓陀陀，光灼灼，淨倮倮，赤洒洒，不掛一絲。老子曰「有物混成，先天地生」，丹經所謂「父母未生已前」，又謂「先天眞一之氣」，又謂「太乙含眞氣」，又謂「天地之根」、「混沌之蒂」，又謂「眾妙門」、「復命關」、「玄牝竅」、「祖氣穴」，以及諸家白雪黃芽、玄珠黍米、交梨火棗、眞土實地，異名同出，不可勝計，總之只是教人明此先天一氣也。道德經曰「寂兮寥兮，獨立而不改，周行而不殆，可以為天下母」，其實是生天生地生人物一大主宰也。夫主宰有二，一眞一假，眞者自然，假者强為。陰符經曰「自然之道靜，故天地萬物生」，道德經曰「視之不見，聽之不聞，搏之不得。此三者不可致詰，故混而為一。其上不皦，其下不昧，繩繩兮不可名，復歸於無物」。若果如是自然主宰，復歸無物，三教聖經，丹書萬卷，何得又有言說者乎？曰：我知之矣。夫不可名者，聖人强名之曰道；夫不可言者，聖人强言之曰一；夫不可圖者，聖人强圖之如此○。柯懷經先生詩云「萬物歸原只一圈」，夫這一圈，又强名之曰無極。正是玄之又玄，妙之更妙。蓋物至於「無」以是盡矣，再加一「極」字，眞實「無」之至也，此孔子所謂「上天之載，無聲無臭」。何故又有一圈乎？來子曰「無有此事也，無有此理也，惟有此象也」，又曰「宋儒不知象，不能明易」，此與不知象不能讀丹書同一理也。

參悟到此，只是一「無」而已。若謂是無，何以一切萬物皆從無中生出有來，放之則彌六合也？若謂是有，又皆從有中復歸於無，卷之則退藏於密也，是何物使之？經曰：「無中不無，謂之眞無；有中不有，謂之眞有。」蓋此兩者同出則有無，合之則一氣。故萬物不能自生，一氣生之；萬物不能自死，一氣死之。紫陽曰：「混沌包虛空，虛空括三界；及尋其根源，一粒如黍大。」一粒者，一氣也。必要明白天地人物之三才，皆是主宰、對待、流行統之也；夫主宰、對待、流行三者，又是一氣統之也。故儒有精一，釋有歸一，道有得一，教雖分三，其實是一，孔子曰「吾道以一貫之」是也。凡丹書中言主宰者，體也，先天也，法身上事也；言對待、流行者，用也，後天也，色身上事也。如果能知，以後看丹書，則勢如破竹，再不得面牆而立矣。

夫性命之學，蓋自上古以及諸家，傳訣者初遇弟子，萬乎不肯一口吐盡，必先授以煉己築基、保命全形之旨，丹書所謂「未煉還丹且固形」，而必至於再三，然後方說明先天一氣，共成全訣。憶想古人愛惜天寶，如是堅固，余豈敢不尊古訓而輕言乎？但恐同志得遇眞師，不知苦求，故作此篇以告之也。如呂純陽遇鍾離翁，白玉蟾遇陳泥丸，伍沖虛遇曹還陽，馬丹陽遇王重陽，石杏林遇張紫陽，抱朴子遇鄭思遠，蓋此六子皆有傳記，皆不是初遇一口吐盡。若是初遇一口吐盡，何以呂祖得遇鍾離祖之後，又有讀入藥鏡詩「因讀崔公入藥鏡，令人心地轉分明」？

又有參黃龍禪師偈「棄却瓢囊摵碎琴，大丹非獨水中金」，夫此一語，直洩天機，惜乎人不識也。若能知得大丹非獨水中金，則知一身徹上徹下，凡屬有形，皆陰邪滓濁之物也。趙中一曰「一身上下盡皆陰，莫把陽精裏面尋」，馬自然曰「莫執此身云是道，須知身外還有身」。蓋水中金者，是後天中之先天，自身坎中一陽也；眞一之氣者，是先天中之先天，乃自虛無中來也。夫此兩者，眞實天淵之隔，冰炭之分，豈可認作一物？

玄要篇云「後天渣滓為無用，先天一點號眞鉛」，悟眞篇云「不識眞鉛正祖宗，萬般作用枉施功」，切不可在身外强猜，亦不可在身内瞎摸。正道歌云「也無坎離並龍虎，也無烏兔遞升沉；非肝非肺非心腎，非干脾胃膽和精；不在三田上中下，不在夾脊至崑崙」，翠虛吟云「肝心脾肺腎腸膽，只是空屋舊藩籬；精神魂魄心意氣，觀之似是而實非」，性命圭旨云「非心非腎，非口非鼻；非脾胃，非穀道，非膀胱，非丹田，非泥丸，非氣海，非兩腎中間一穴，非臍下一寸三分」，規中指南云「自臍以下，腸胃之間，謂之酆都地獄、九幽都司，陰穢積結，眞陽不居」，又謂「幽關豈修煉之所哉？學者誠思之」，正是「有形易忖量，無兆難慮謀」，故曰「饒君聰慧過顏閔，不遇眞師莫强猜」。吾所謂「指流知原」者，至此正有說焉。

性命圭旨云：「父母一念將媾之際，而圓陀陀，光爍爍，先天一點靈光撞於母胞，如此〇而已。儒謂之仁，亦曰無極；釋謂之珠，亦曰圓明；道謂之丹，亦曰靈光。皆指此先天一氣、混元至精而言，實生身之原、受氣之初、性命之基、萬化之祖也。及父母交罷，精血包羅於外，如此◉而已。」夫將媾者，要知是未交之前也，而先天一點早已撞入於内，假若無這一點，則必不能生人。何也？曰：父母交媾，乃我家一己孤陰，後天有形濁物，若不得他家外來純陽，先天無形眞精，而安能成造化乎？夫修仙道，亦如是也。假若不知先天一點眞精是自外來，而執定自身一己孤陰，盲修瞎煉，煉到老死，終是無益。景和翁曰「若向未生前見得，明知必是大羅仙」，純陽翁曰「窮取生身受氣初，莫怪天機都洩盡」，清和翁曰「欲識本來眞面目，未生身處一輪明」，紫陽翁曰「勸君窮取生身處，返本還原是藥王」，可歎世人不但不知仙道要外來之陽，並亦不知凡道亦要外來之陽。是則是矣，要歸自然，故曰「休施巧偽為功力，認取他家不死方」。

已上所論，只說得一箇「他家」，以下再言「不死方」。

悟眞篇云：「要知產藥川源處，只在西南是本鄉。」蓋西南者，乃天地生發之原，金火同宮之地。易經曰「西南得朋，乃與類行」，參同契曰「三日出為爽，震受庚西方」，純陽翁曰「西南坤位蛾眉現」，了眞子曰「藥產西南是坤地」，要知皆是言天地不死方以比喻人身不死方也。人身一小天地也，亦另有一箇人身不死方，愚人不達此理，强猜到西方成佛作祖，可謂錯之極矣。若問人身不死方，吾前業已訣破，總之紙上傳寫不出，眞正近在目前。說到此際，實難下詞，只得以口訣證之，使之自悟也。

上陽子曰「眞陰眞陽是眞道，只在眼前何遠討」，丹陽翁曰「在眼前，甚容易，得服之人妙難比」，海蟾翁曰「龍虎跟着走，鉛汞眼前有。活的死的？人耶物耶」，純陽翁曰「目前咫尺長生路，多少愚人不悟究」，到實際，總是教人知一箇「盜」字。黄帝曰「其盜機也，天下莫能見，莫能知」，老子曰「將欲奪之，必固與之」，鬼谷子曰「賊命可以長生不死」，程伊川曰「若非竊造化之機，安能長生」，薛紫賢曰「盜二儀未判之氣，奪龍虎始媾之精」，翁葆光曰「一刻之功夫，能奪天地一年之氣數」。余讀西遊記，見孫悟空盜桃、盜丹、盜酒、盜鈴、盜葫蘆、盜淨瓶、盜芭蕉扇、盜人參菓，無一而不是盜也。陰符經曰：「天地，萬物之盜；萬物，人之盜；人，萬物之盜。三盜既宜，三才既安。」蓋人物亦為三才之一，而獨不能與天地同長久者，何也？曰：天地，逆運也；人物，順行也。逆運能盜，順行不能盜，故曰「觀天之道，執天之行，盡矣」。若問長久不長久，只問箇能盜不能盜，故曰「片言半句無多字，萬卷仙經一語通」。務要知「逆」、「順」兩字，則是回機反復也，故曰「一念回機，便同本得」。周公曰「君子終日乾乾」，孔子曰「終日乾乾，反復道也」，紫陽曰「若會殺機明反復，始知害裏却生恩」，又曰「若能轉此生殺機，反掌之間災變福」。其中亦有龜能納息，鹿運尾閭，蛇會伏氣，鶴善抱胎，以及草木歸根，皆是能盜，故亦能長久。三丰祖曰「松精年深變琥珀，老狐歲久成妖仙」，又曰「草木歸根皆復命，為人反不悟長生」，蓋人為萬物之靈動，至死地而不能保，一息不來，命非己有。由此觀之，是人反不如禽獸草木也。

奉申同志，速急求師訣破這箇「盜」字，卽知我命由我不由天。陳泥丸曰「每當天地交合時，盜取陰陽造化機」，蓋天地無時不交，我無時不盜，則天地之氣悉歸我身。玉蟾翁曰「先天一氣號虛無，運轉能教骨不枯」，噫！　則人安得而死乎？　崔公入藥鏡曰「盜天地，奪造化」，要知盜則是與天地爭權，故西遊記孫悟空大鬧天宮，玉帝差遣天神天將天兵十萬而不能損彼一根毫毛，就做了一箇齊天大聖人也。　參同契曰「立竿見影，呼谷傳響」，豈不是至簡至易、至神至靈者乎？　亦必要煉己純熟，然後方可盜之。

邵子曰「一片先天號太虛，當其無事見眞腴」，又曰「若聞先天一字無，後天方要著工夫」。　假若後天煉己不純，先天來時，必不能招攝。　蓋時有二義：　正子時者，則自身外陽舉也；　活子時者，則上文「盜」字也。　夫此兩訣，天淵不同，宜細辨之。

易經曰「九五，飛龍在天」，參同契曰「金計有十五」，悟眞篇曰「八月十五玩蟾輝」，還源篇曰「千山月乍圓」，白玉蟾曰「月圓口訣明明語」，陳上陽曰「中秋天上月圓時」，柯葆眞曰「望曲江一輪明月」，此臨機一義也；　龍虎經曰「上弦金八兩，下弦水半斤」，參同契曰「二八應一斤」，悟眞篇曰「二八相當自合親」，陳上陽曰「半斤眞鉛半斤汞，隱在靈源太極先」，白紫清曰「便好下工修二八，慇懃仔細託黃婆」，張三丰曰「烏八兩，兔半斤，二物送入戊己村」，此亦臨機一義也；　易經曰「復其見天地之心乎」，參同契曰「因母立兆基」，邵子曰「地逢雷後見天根」，悟眞篇曰「山頭月白藥苗新」，純陽翁曰「先看初三夜，娥眉始見庚」，潛虛翁曰「梅梢新月，始可藥生」，眞經歌曰「水生二月眞正，若待其三不可造；壬水初來癸未來，須當急採定浮沉」，此亦臨機一義也。子時至矣，三義同用乎？分用乎？先後用乎？得眞傳者，自然知之，自能盜之也。

夫鉛，陽也，壬也；汞，陰也，癸也。三丰翁曰「只論鉛生於癸後，不言陽產於癸先」，紫陽翁曰「鉛遇癸生須急採，金逢望遠不堪嘗」，純陽翁曰「鉛亦生，汞亦生，生汞生鉛一處烹」。一言要在癸生之後採，一言要在癸生之前採，一言一齊都生一齊都採。奇哉奇哉！三人矛盾，以至如此。想三翁乃列仙中之錚錚者，必無妄語，必有實義。子時至矣，若無眞傳，必不能採取而盜其機也。

噫！電光灼處尋眞種，風信來時覓本宗。夫電光之灼、風信之來，正是先天眞鉛自虛無中來也，若不知尋覓，則是不識眞鉛正祖宗也；若當面錯過，落於後天，則是見之不可用也。欲要盜機，必先煉己，三丰祖曰「却將姹女當時待，勾引郎君自外來」，如不煉己，則姹女不能當時，既無勾引，一己孤陰，此男女不媾精，萬物不化生矣，故呂翁曰「七返還丹，在人先須煉己待時」。夫最難明者，欲要九還必先七返，欲要鉛至必先汞迎，欲要築基必先煉己，三丰翁曰「欲向西方擒白虎，先往東家伏青龍」是也。

蓋「煉己築基」四字，能分能合。分言之，經曰「不降龍何以伏其虎，不積汞何以取其鉛」。夫汞，内藥也；鉛，外藥也。初下手，必先通内藥，後通外藥，故曰「内通外亦須通」也。合言之，煉己則是築基，築基就是煉己。經曰「煉己不在築基之外，築基則在煉己之中」，又曰「煉己工夫繼築基」，又曰「煉己築基，固彼我一身邦國」。務要知，煉己築基，不是清靜閉精。若是清靜閉精，不曰煉心而曰煉己乎？不曰煉腎而曰築基乎？此理一貫心傳，非是强猜得來。

抱朴子曰：「養生之學有千種，惟九還七返金液大丹第一，則此道也，不識陰陽者切勿亂為也。」

經曰「壬水，陽也；癸水，陰也。丙火，陽也；丁火，陰也」，陶仙曰「黑鉛之中，内含一點壬水，性屬坎陽，内陽而外陰，在五行中獨與丁火相當；朱砂之中，内含一點丁火，性屬離陰，内陰而外陽，在五行中獨與壬水作合。二物結成妙有，寄居北海之中，為大丹之祖氣」，又曰「種鉛得鉛，種汞得汞，巧處全在丁壬先後之間」。此種天機，知者甚鮮。如何是丁壬先後？曰靜已極而未至於動，陽來復而未離乎陰，斯時也，則邵子「冬至子之半，天心無改移；一陽初動處，萬物未生時」其時是也，亦則張子「見之不可用，用之不可見；恍惚裏相逢，杳冥中有變」其時是也。如西遊記兩界山，正此時中分別。若不明丁壬先後，則是錯過了路，救不出孫悟空，西天可能到乎？三丰翁曰「金蝦蟇，玉老鴉，認得眞時是作家」，純陽翁曰「依時便見黃金佛」，紫陽翁曰「三才相盜及其時」，又曰「依時採取定浮沉」。蓋顚倒逆修者，貴乎知時，能知時者則能盜天地，不知時者為天地所盜，陰符經曰「君子得之固躬，小人得之輕命」是也。

今人不明金丹之理，見冕元子云「外腎欲舉之時，則是身中活子時」，便謂是要日夜打坐，清靜無為，入於恍恍惚惚，杳杳冥冥，無天無地，無我無人境界，外形勃起，則是先天一氣自虛無中來也，急用意採入中宮，以為是道，吾恐久之總是走漏。夫先天一氣，固然是眞，不知煉己，來路不清，後天必不及時，不知風火，必不凝聚。此有鉛無汞，有陽無陰，正所謂「九三男子來投宿，却少了二八佳人去安床」。況又無黃婆匹配，先通兩家之好，必不能追二氣於黃道，會三性於元宮也。夫黃婆位鎭中央，眞土是也，豈能離乎？起手有水火既濟之功，中間有和合四象之功，末後有三五合一之功，有此三般妙用，故經曰「金丹無土則不成」。噫！不要黃婆可乎？

夫丁壬先後者，以丁火配癸水則是以女妻女，以丙火配壬水則又以男嫁男，若何可也？但學人只知氣要用活，而不知精與神亦要用活。能知三活合為一活，即三一之道成矣。訣曰「火候不用時，冬至不在子，及其沐浴法，卯酉亦虛比」，又曰「震兌非東西，坎離不南北，斗柄運周天，要人會攢簇」。噫！何活子時之有哉！

若問如何是煉己築基，紫陽翁曰「俗語常言合至道，宜向其中細尋討」。今人曰「我心苦矣，我要養神」，又曰「我勞困矣，我要安息」。能知神在何處養，卽知煉己也；能知息在何處安，卽知築基也。老子曰「此兩者同出而異名」，蓋這箇同出之處，則養神安息之處也。訣曰：「年月日時空有着，卦爻斤兩亦支離；若存會得綿綿意，正是勿忘勿助時。」噫！何煉己築基之有哉？如果純熟，三家自然合一，眞箇拍拍滿懷都是春也。

嗚呼！世人學道不能明者，是一身內外盡皆陰也，清靜無為者又添一陰也，豈不是二女共室乎？豈不是牝雞自卵乎？再加打坐脈絡壅塞，不但無益於身心，而且有害於性命，良可歎也。自身之理尚且不明，況與天地奪造化乎？如果清靜是道，蓋丹書萬卷，豈不是古人設言哄騙今人？抱朴子豈有不知？黃帝又何必訪道？參同契曰「晝夜不卧寐，晦朔未嘗休；身體日疲倦，恍惚狀若癡」，純陽翁曰「世人坐破蒲團，到底不歸正果」，六祖曰「生前坐不卧，死後卧不坐；原是臭骨頭，何用作工課」，三丰翁曰「饒你無為空打坐，不免亡身葬北邙。習靜功，守中黃，到老差殊枉一場，縱然明了眞如性，陰魄投胎入鬼鄉」。請試思之，可是道乎？要知性命之學，陰陽之學也。易曰「一陰一陽之謂道」，書曰「君子之道，造端乎夫婦，及其至也，察乎天地」，三丰翁曰「離了陰陽道不全，可憐頑空殿上行，寂滅海中戲，正是靜坐孤修氣轉枯」也。

夫「打」者，合也，「打合金丹似月圓」也；「坐」者，兩人分左右，「用將須分左右軍」也；一土當中立，「只緣彼此懷眞土」也；彼此歸根，契云「倶死歸厚土」也。夫「參」者，三也，魏公參同契也；「同契」者，「三家合一成眞種」也。「禪」者，六祖曰「自性不動名為禪」。蓋自性不動，則眞土歸位，水火自然既濟，書曰「致中和，天地位，萬物育」。總之，「打坐參禪」四字，只是箇「三五一」之理，與日月喻易、戊己喻刀、二土喻圭同是一義。故圭翁曰「初打坐，學參禪，只箇消息在玄關」，又曰「不打坐於枯木寒堂，而打坐於神室之內」。

上陽子曰：「靜坐一件，是得丹後事。」夫得丹之後，是何故又要靜坐？只此一語，舉世罕知。蓋初下手是七返，煉己求鉛，武火要緊，清靜打坐返不出先天眞鉛；末後是九還，眞鉛已足，文火要緊，若有一分靜，則添一分汞，添得一分汞，則是抽了一分鉛，故曰「用了眞鉛也棄捐」是也。

下篇

盡我人事，憑他天命；陰德為首，各奔前程。

抱朴子曰：「未有心不好而求其事者也，未有不苦求而可以得者也。」噫！蓋世間小事皆從苦求中得來，況性命大事乎？若要苦求，首先讀書，其次求師，二者缺一不可。今觀歷代諸仙遺下丹書，徧滿天下，而其中假名託姓者，更甚尤多，素非法眼，何以辨之？何書可讀，何書不可讀，此是入門最要緊第一着也。若有差錯，則先入心者，堅不可破，而終身大事了也，及至臨死，反謂平生不肯苦求，無緣得遇眞師。譬如以刀殺人者，人若見之，則可避也，書中殺人，是不可見，則是不可避也，其中利害，要勝刀刃多矣。且當日作者，亦無非是井底觀天，自謂金丹口訣盡於此矣，留傳後人當為奇文。假若知之，必不得有心害人。余今將丹書目錄敘出，願同志者擇善從之，必不至差錯也。

初入門，讀金仙論證、慧命經、天仙正理、仙佛合宗附金丹要訣、丹道九篇、性命圭旨。已上數種，參悟純熟，千萬不可強猜照書行事。務要知丹書萬卷，並無半句口訣，其中皆是象言。但有一比喻，必有一實義，蓋實義又在象言之外也。

再讀陳上陽詩集，要有其師趙緣督金丹問難、仙佛同源等書計二十本，名曰金丹大全；又張三丰全集，白紫清全集，陳虛白規中指南，劉悟元道書十二種，王重陽全眞集又教化集並十化集、十五論；邱長春磻溪集，青天歌另有陸潛虛註解最好，又西遊記；劉長生仙樂集並至眞語錄，譚長眞水雲集，馬丹陽金玉集又漸悟集並神光燦又語錄並孫不二元君法語，郝廣寧太古集，王處一雲光集，尹清和葆光集並北遊語錄，龍眉子金液還丹詩另有陸潛虛註解最好；無名子西遊記，悟一子註解名眞詮，又劉悟元註解名原旨，又後西遊記；陶素耜道書五種，仇知幾道書集註，張虛靜天師語錄，陸潛虛方壺外史，姬志眞雲山集，白雲子草堂集，馬先生自然集又鳴眞集並西雲集，李清菴中和集，晋眞人語錄，徐神公語錄並盤山語錄，石杏林還源篇，薛紫賢復命篇，陳泥丸翠虛篇，譚紫霄化書，來子周易註解，黃石公素書，周子太極圖又通書，邵子皇極經世又擊壤集。已上諸家名目，皆不是誤人殺人之書也。余三十餘年，日日在手，時時捧讀，若有虛言，永入地獄。同志者，速急下功，苦讀十年，再去求師。初遇虛心下問，必要細談三五日，再以書印證，乃時自有主宰。如遇眞師，必不得當面錯過，亦不得被僞師所誤。潛虛云：「試金者必以石。」丹經是試師之石，豈可缺焉？

其中最要緊者，是陰符、道德、參同、入藥鏡、悟眞篇。蓋陰符經，能以數句將天地人三才主宰、對待、流行說盡；道德經，能以數句將天地人物之根挖盡；參同契，能以數句將金丹始終火候一網打盡； 入藥鏡，只有二百餘字，能將先後二天、內外二藥、雙修全旨滿盤託出； 悟眞篇，能令人讀之耳目一新，其實是合四家而作，其中淺顯明白，更有過於四家之處，故以後所出丹書，皆在悟眞之下。 是此五者，眞天地間至文大文也，非深達天地陰陽，洞曉身中造化者，必不能知吾言有味也； 蓋不知吾言有味，必是不能讀書；夫不能讀書，必入旁門。

諸般皆可，惟獨女鼎非但無益於身，而且大傷天和，最損陰德，確乎子孫有礙，切宜慎之。 余眞實過來人也，入室一切，均皆做到，如果不細敘，同志必不深信。 凡談女鼎者，初遇必先以靜工入門，久之再將孫汝忠金丹眞傳及濟一子所著之書，分出南北兩派，必曰「破體者務要開關，若不開關，不能復還童眞」。 如若開關必用女鼎，若用女鼎先打造橐籥，蓋富貴之人最怕者是死，得聞此言則無不樂從願為，總之是一箇美人局，萬世不能穿破也。 若謂南北是兩派，請問「天下無二道，聖人無兩心」如何解？ 再猶龍派、少陽派、重陽派、龍門派、陸潛虛為東派、李涵虛為西派，又作何說也？ 若謂橐籥是金銀打造，道德經曰「天地之間其猶橐籥乎」，請問「猶」字如何解？ 參同契「牝牡四卦，以為橐籥」，又作何說也？ 若謂男子必用女子，則女子亦必要用男子，余謂上海野妓將來皆是仙姑，可乎？ 上陽子曰：「男子用女固屬無防，女子用男，此大亂之道，上古女眞果如是乎？」罪過罪過。若謂「神交體不交，氣交形不交」，請問入室之時，若不動心，陽物可能硬乎？若謂「男不寬衣，女不解帶」，請問過氣之時，女子不脱褲，橐籥從何處送進陰户？男子不脱褲，陽物從何處插入橐籥？又謂五千四百生黃道，則是女子首經，又内有血珠一粒，名曰金剛子，人得服之，卽可成仙。若果如是，則天下人皆做神仙，每人只要買一女子，候三日經期到，卽用嘴配合陰户，舐之味之，吸之呑之，白祖曰「白虎首經眞至寶」，馬祖曰「一口吸盡西江水」，一釋一道兩位祖師果如是乎？愚人愚到此，至矣，盡矣。

後西遊云，孔子著春秋之筆，不幸失落玉麟之手，正是著太極圖之筆不幸失落污穢之手。吾實不得已也，恨恨投筆黃浦江心，不知何年能洗淨也？

楚北富川子良子柯懷經氏　譔

養性編

首序

古者採風所以通民情也。文王之化及於江漢，詩人歌之，可謂盛矣。論者謂國風不及於楚，卽此可補其闕，且以誌楚所由盛。及孔子南遊，覩所謂沮溺者，蓋其地多隱君子，匿於耕釣，由來尚矣。余自吴遊楚，寓富川官署，訪文王之遺教，及其歌詠以表揚德政者，大抵渺不可追。久之，乃知柯君懷經者，並出所著詩一册以示余，囑為删訂。夫詩者，太史採之，聖人定之，不聞有所黜竄，況如余者而敢不仍其舊乎？抑詩所以道性情也，性情苟仁且摯，則詩亦温厚和平，又合風人之旨。反是，卽極力揣摩，不能到也。柯先生素好道，其於天地陰陽之理，無所不通，率是以為詩。其於古之詩人，未知孰優孰絀，然胸有所得，則自道其生平，言皆有本，較之吟風弄月詡詡然自誇才子而不為人心風俗計者，其用心蓋有異焉。若能卽此以上通乎詩教，俾古人江漢之風復見於今，斯亦隱君子之責，而先生當以之自任者也。然乎？否乎？敬書其語以弁其首。

旹光緒十一年四月下浣吴縣弟孫元博拜序於天心來復齋

自序

余自成童時，棄儒業，貿漢皋，有志於道而未得其門，因託於商以訪之焉。適有吴翁效眞者，道中人也，常把釣西湖以為逸樂。一日邂逅中，偶談及之，謂欲學長生非得師傳不可，余遂師事之而問其訣。答曰：「古人云：毋勞爾形，毋摇爾精，乃可以長生。」頃即示以築基煉己之法，金丹火候之要。余用是專心於此矣。不數年，在家則有朱一中、柯斐成等四五人講論工夫，在漢又有周俊夫、李雲嵐、汪東亭與家兄載書共十餘人同參旨趣。余雖不敏，得衆師友裁成而道學日進，迄今二十餘年，始知天人合一之理、返本還原之道，以及爐鼎藥物、大小周天，無一不切究而參透之。爰不揣固陋，凡會於心者，竊欲筆之於書，長短雜體約百十首，名曰養性編，亦知巴歌俚曲，見笑方家，故存之以冀同道者共諒云。是為序。

旹光緒十年正月望後富川柯懷經氏自識

太極圖

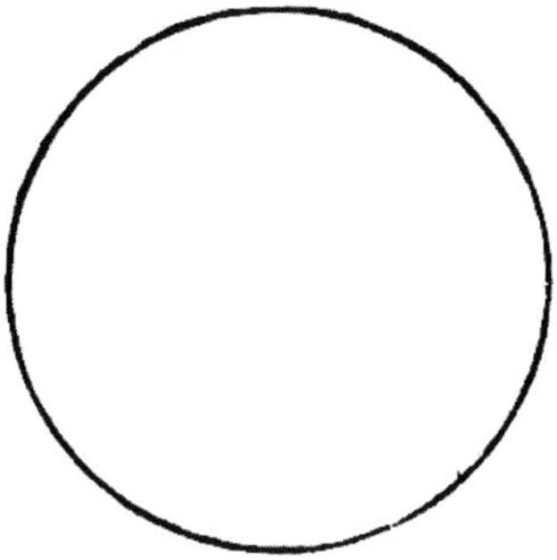

儒曰鴻濛未判

道云象帝之先

太極圖並序

太極者，卽陰陽未分、混沌莫測之謂也。昔賢論太極者，多專發明流行之妙用，使人易曉，殊不知實後天之太極也。以余觀之，太極本乎先天，無動靜亦無生尅，混混沌沌，包含萬象，如一粒粟然，詩云「上天之載，無聲無臭」，此卽先天之太極也。聊占俚語一絕，冀高明者以就正云。

這物名呼太極圖，陰陽混沌藉心符；
從今繪出先天象，好竊龍宮定海珠。

應星圖

天外秋星飛點點

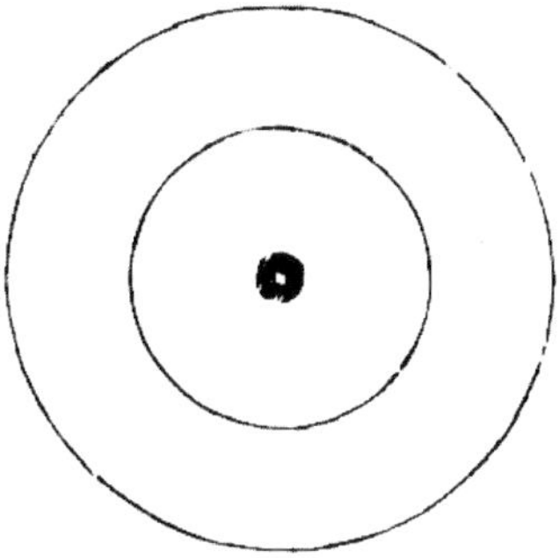

山頭明月透輪輪

應星圖並序

應星者，入藥鏡云「天應星」是也。其景象實自造化爐中煅出，上達於目，見於眉端，如輪鏡嵌珠，不可勝數，故有諸內必形諸外也。余不揣固陋，繪成圖式，口占一絕以誌云。

問誰識得妙中玄，點點星光月裏眠；不縱羿妃奔兔窟，何曾有景絢眉前。

道理論

託跡幽居，歷年已久，時當天朗氣清，惠風和暢，仰觀宇宙，俯察品類，無非道理之彌綸，因不禁觸乎道理之原焉。

或謂天下道理，皆歸於中正，取其中正之義，符乎天地之情。萬物得其中正，不失先天之眞； 為人得其中正，不失先天之靈。故為臣盡忠，為子盡孝，人必培其後天之眞靈以完其忠孝，而後能復先天之眞靈也。

或謂道者根也，理者本也，取其根本之義，合乎天地之機。萬物不忘根本，不昧生初之性，此木神所以不貳也； 為人不忘根本，不昧生初之性，此明善所以復初也。故治國以仁，治事以義，人必培其有生之性體以全其仁義，而後能還本來之性體也。而究之稟清則清，稟濁則濁，皆本先天一氣所化，是人之氣稟為然也。清可入濁，濁可入清，實由後天一氣所造，是人之行習使然也。始雖殊途，終則同歸，苟能參而悟之，及其成功一也，又豈有異致哉？ 是以論。

一字說

蓋聞萬物之總，皆同一孔，萬事之根，皆出一門。人非精一，奚能立其道哉？河圖之言「一」也，曰「天一生水，地六成之」，故一六交則有壬癸之水，二七交則有丙丁之火，三八交則有甲乙之木，四九交則有庚辛之金，五十交則有戊已之土，此先天之對待，皆始於一也；洛書之紀「一」也，曰「一白坎」，坎為陰水，白為陽氣，則白坎者是陰中陽也，由一而二與三則有黑坤碧震之象，四與五則有綠巽黃中之象，以及六白乾、七赤兑，八白艮、九紫離，無非陰陽消長，此後天之流行，又承於一也。推之天得一以清，地得一以寧，人稟天地之氣，豈獨不得一乎？且一呼而陽升，一吸而陰降，呼吸之氣與天地同流，故天地之陰陽交而萬物生、四時行，人之陰陽交則氣血調、精靈固，魏伯陽云「知白守黑，神明自來」。由是駕河車，上泥丸，下重樓，入中宮，按周天升降之數，聽卯酉生殺之機，迨至純乾數足，是卽人之得一也。人既得一，則可以與天地參矣。

玄關說

丹經云：「玄關者，至玄至妙之機關也。」然玄關本無，待神氣交而後有，未交之前烏得有乎。在天為北辰，在人為心君，在道為玄關。難言其氣之行，前通乎任脈，後通乎督脈，中通乎衝脈，橫通乎帶脈，上通乎心，下通乎陽關，上前通乎臍，下後通乎腎，散則透於周身，聚則為百脈之總根，故謂之先天。其穴無形無影，氣發則成竅，機息則渺茫，以待成全八脈，由八脈湊成，共拱一穴，為造化之樞紐，名曰玄關。庶知陽生在此，調藥在此，藥產在此，鼓巽風在此，採取在此，歸爐在此，駕河車在此，返本復位在此，金丹之玄功莫不在此矣。夫虛無之窟，內含天然君火、眞火、眞性、元神，靜則集氤氳而養內息，動則引精華而向外發，每活子時二候之許，其竅旋發旋無，若執形求之則謬矣。又謂臍下一寸三分為玄關，則亦謬矣。今作此篇，實發古人不洩之旨，願有志者一覽無疑，不被偽書所惑，而又有以闢其誕妄也。

闢邪說

今之學道紛紛，未見一人成仙成佛，何也？因執於旁門外道，欲了生死，不亦難乎？近聞有參禪打坐而望成佛者，有灸頭頂而為受戒者，有喫齋唸經而修來生者，有終日募化而為營身計者，有以偽法而哄人供養者，有假修道而沽名譽者，有命途多乖而出家修行者，有朝山進香而求神默佑者，有分門別户而誘人喫齋者，有誦九皇經而望超昇者，有書符唸咒而煉丁甲神者，有用五金八石而煉黃白者，有修齋設醮而度亡魂者，有圖清靜而調養形體者，有服藥石而想長生者，有執卦象而行周天者，有持八段錦而流通氣血者，有吸日精月華而為煉養者，有採陰補陽而用女鼎者，種種邪法小術，害人戕命，大傷風俗。余心不忍，故譔是篇，以曉同志，須得明師指點，授以先天大道，同登彼岸，豈不樂哉？

防病說 並治法。

嘗見世人聞說煉氣能却病延年，不知煉法，茫然下手採煉。噫！不患病者未之有也。

今詳患病之原。甫行工際，悮採後天氣。後天氣因思慮見聞而生，卽為濁氣，採之無用，凝滯在腹，斯為大患也。為患不一，或不善沖和，汞飛鉛走；或不明風火，藥物未化；或臨境著象，內成痞塊；或升提邪火，外發癰疽；或行持間斷，火炎水氾；或昏迷散亂，遺精走丹；或心神不靈，採取失候；或飲食不調，戕傷臟腑。致病甚多，難已俱論，學道之士，固不可不防也。

假已病者，將何法治之？人只知用藥方，不知不藥法。其法在乎忘意忘言，煉己純熟。已熟之後，一心定靜，定靜日久，一片天機忽從定靜中而來，古人謂之無中生有。無者靜也，有者動也，一動一靜，時刻調和，易曰「水火既濟」，道曰「性命雙鎔」。煉到此境，不可懈怠，亦不可執著。一日間，一粒黍米自海底而湧出，猛然耳聞顛風驟雨，目見掣電流光，關竅齊開，骨髓沖滿，有無窮景象，有無限天機。得此效驗，切莫認以為幻，乃是一點眞陽透露，學者不可輕視，須謹守而勿失，縱有夙疴痼疾，不療而自愈矣。

心學

心為人之主宰，本來虛靈，因氣稟所拘，物慾所蔽，故不能正其心、養其心、精一其心，此心學之不明由來久矣。余聞一老人談及「履虎尾」之法，法卽主宰之心法也。心之主宰，以天地為爐，以陰陽為炭，以造化為工，主宰定而無往不利矣。昔岳武穆用兵百戰百勝，其運用之妙，惟存乎一心也；秦弄玉善吹簫，卒配簫史亦善吹笙，雖其聲相應，實由心相符也；劉禹錫云「可以彈素琴」，夫會彈琴者，卽天邊之月猶能彈落矣；媧皇氏煉五色石以補天，神農氏以五色石為上藥也；邵子云「室中造車，天下可行」，軌轍合故也；唐堯時天有十日，被后羿射落九日，大禹得此法以鑄九鼎；孔子云「易有太極」，華陽云「道曰先天」。玆數人之言行，非有非無，有者道之竅，無者道之妙。道之竅妙，實有形可覩，有象可觀，有數可推，所以言於外者理可憑，行於內者道可據，内外貫通斯為明理達道之心學也。俾後有志於心學者，須正其心，養其心，精一其心，則心學之法無不明矣。

丹梯

昔聞金丹妙術，先天一點元陽，隱於後天坎位，令人何處參求？只把萬緣放下，自得黍米玄珠。

第一要煉精化氣。鴻濛未判之前，靈光返照北海，且候地雷來復，始知造化樞機。以離火而化，以巽風而吹，靜而能渾，虛而能養，則先天之氣，凝成一團，仍從竅內發出，斯為藥產，即當採取，潛藏中宮。須待氣旋，立定主宰，起火逼行周天，依乎任督道路，運乎子午法程。乾爻用九，乃陽火度數；坤爻用六，是陰符限規。不進不退，卯酉生殺之位；歸根復命，依然靜守無為。

第二要煉氣化神。法輪轉足，牟尼露形，實得馬陰藏相，六種震動，景兆眉前，正到止火之時，當採大藥，出爐保守，穿過三關，直達崑崙頂上，降下十二重樓，盤旋凝聚於中穴，安然温養道胎。

第三要煉神返虛。十月胎圓氣足，節至花飛，陽神自泥丸湧出，升至天宮。此際防備外魔引誘，一收一放，由近而遠，猶恐嬰兒迷失路途。乳哺日久，出入無虞，三千世界靡不周徧，陽神返居舊宅，復造乾坤，借天地炎炎之火，煅煉凡軀。火畢清涼，杳無一物在境，一片光華普照法界，性忘寂滅，體合虛無，如此則火候成功，古云「天地壞時，這箇不壞」是也。

歸隱歌一首

林泉好，林泉好，林泉自有無窮妙；看破富貴似浮雲，此中佳趣誰知道。養性天，勵眞操，不識不知忘昏曉；饑餐松子渴飲泉，寒披一件補衲襖。無憂慮，無煩惱，一心耑把紅塵掃；不求將相媚王侯，只訪高人慕佛老。持貝葉，煉火棗，一陽初動寒梅早；不明剥復迭變遷，休說乾坤分鼎竈。精要固，神要保，方知夭壽由我造；三還九轉大丹成，萬載千秋形不槁。不養蠶，不種稻，氣足何須圖溫飽；有時散步聽流泉，有時月下大醉倒。這幽情，說不了，長笑嗄嗄樂滔滔；絳鳳紫鸞舞碧林，白鹿黃猿睡瑶草。雪花飛，煙霞繞，功成火到還知否；霹靂一聲天門開，拍手浩歌歸蓬島。

金丹歌 一首

法可說，無法說，道自師傳由自得； 師傳妙法洩天機，洩漏天機方了徹。 萬慮空，諸緣滅，煉性降魔心似鐵； 心同鐵石道心堅，性命根基玄牝穴。 坎之精，離之血，二氣相和聖胎結； 逆生仙佛順生人，此是金丹眞妙訣。 清要分，濁要別，震雷初動知時節； 子抽火兮午添符，途中沐浴有刑德。 長黃芽，飛白雪，運轉三關朝北闕； 無為養就大丹成，懶在人間算歲月。 也非青，也非白，一顆明珠渾似赤； 光射虛空非等閒，普照十方皆周徹。 這異味，眞可說，跨虎乘龍嫌地窄； 丹書下詔壽同天，永作蓬萊三島客。

濟世

閒尋逸樂作生涯，或命輕車，或踏飛車； 其中意味勝烏紗，淨煑清茶，渴飲清茶； 濟人療病有丹砂，不是醫家，却是仙家； 功成果熟最堪誇，落得興賒，曷不興賒。

脫塵

一絲不掛脫塵囂，名和雲清，利和煙消；山中麋鹿伴幽寥，行也逍遙，坐也逍遙；碧潭水面景堪描，時見魚跳，又見龍跳；虹霓萬里駕金橋，懶把香燒，竟把丹燒。

隱居

棲隱巖前，散步溪邊，考槃間，安享天年。浮名浮利，不罣心田，看幾篇經，幾張畫，幾枝蓮。

綠滿窗前，苔上堦邊，這幽情，正好忘年。笑讀古書，竭力耕田，栽一園桃，一林竹，一池蓮。

或飲花前，或釣湖邊，且偷閒，以樂餘年。靜觀世事，滄海桑田，恰似浮雲，似流水，似秋蓮。

書滿床前，琴伴身邊，歎人生，能壽幾年。貪求甚麽，華屋良田，只慕希夷，慕靖節，慕青蓮。

修行學道

修修，玩索參求，調元氣，結丹邱，潛心三寶，延壽千秋。虛靈還我性，純粹屬吾儔，顛倒陰陽變化，升降火水炎流。日月光明同運轉，乾坤高厚共沉浮。

行行，廉潔清貞，闡微義，集大成，揮毫適性，撥墨怡情。精靈生妙悟，道德裕豪英，孝弟傳家眞寶，謙和處世權衡。陰騭栽培心地厚，眞誠涵養性天明。

學學，爐鼎橐籥，煑芙蓉，烹芍藥，青煙靄靄，紅火灼灼。雨驟黃龍舞，風馳白虎躍，漕溪水繞崑崙，鷲嶺花飛圓蹻。太陽耿耿化流珠，一陣清香已大覺。

道道，一理三教，不妄求，要苦好，勤攻書史，務種禾稻。正直人皆貴，升平國至寶，純乎仁義禮智，允矣福禄壽考。捨錢培德且修心，自得功成入海島。

金丹調 八首

自悟鴻鈞大道，纔知月缺月圓，上弦採取水中鉛，離却玄關不遠。虎嘯一聲出窟，
龍頭口吐青煙，兩邊爭鬥西南天，未審何時罷戰。

欲令龍降虎伏，靈臺掃淨塵氛，金公姹女乍相親，全仗黃婆說準。二物常居一處，
當知陰極陽生，眞鉛眞汞漫調勻，防顧鼎爐有損。

我本東方所長，為何西竺求經，怎奈白虎喜傷人，一片慈心難忍。特到雷音寶刹，
虔誠問佛原因，偈云德重鬼神欽，萬魔自然歸順。

從此靈臺安靜，只候冬至陽生，子時進火午時温，沐浴臨門混沌。陰内雖有眞陽，
豈離陽裏眞陰，調和二物兩相親，金木可稱交併。

纔把法輪轉罷，又防善睡魔王，午前子後要用詳，火候抽添溫養。　倘得鼎爐無損，自然意味綿長，丹光灼灼射扶桑，賽過天心月朗。

子過丑逢臨卦，九三陽長陰消，金鼎時刻有靈苗，頓覺龍宮一吼。　煉到這般景象，火燒海底水潮，無數陰鬼哭嚎嚎，塵事紛紛淨掃。

寅至三陽開泰，鼎爐火藥交加，春光滿面雪飛花，眞炁周流上下。　時屆卯中勿懈，乾坤橐籥無差，巽風淡蕩長黃芽，纔是丹成不假。

辰刻眉間景兆，謹防吉中變凶，預先知止藉神功，把定丹珠上湧。　巳末純乾火足，光輝照徹天宮，霎時爽樂不相同，方顯仙家妙用。

築基煉己

築固丹基，煉己工夫，亦有何難。　把三心放下，七情屏絕，日裏金烏，飛入廣寒。　呼吸相通，六門緊閉，遂使龜蛇結一團。看滄海，那波含星斗，霧鎖蓬山。河車欲上泥丸，全仗着巽風鼓過關。運周天度數，退符進火。徘徊子午，晝夜循環。已經九轉，羣陰剥盡，龍虎丹成永駐顔。須養就，待神移鼎換，直上雲端。

登黃嶺山

壬午之秋，七月望後，遊黃嶺山，至大石泉，遇一道人，手攜玉塵，肩背龍泉，氣宇間恍然雲水客也。遂拱手拜之。道人問曰：「汝來何為？」余對曰：「今見清泉激湍，可以洗心滌慮。」彼亦異之，乃曰：「人醒百慮生，人睡一心息，欲覓長生路，須知機順逆。」少頃，又授以眞訣。余猛然悟曰：「得此三兩語，勝讀十年書。」遂成幾句俚詞，以誌不忘。

清閒無事步林泉，偶晤高賢，敢拜高賢；丰神灑落意流連，引我談禪，教我參禪；霎時不見恨綿綿，想結仙緣，了却塵緣；翻然悟覺未生前，自有本原，曷不歸原。

人生富貴總徒然，枉被牽連，莫被牽連；何如飲酒灌丹田，不作孽冤，自無孽冤；聞知方外洞中天，光景無邊，樂景無邊；往來無箇不神仙，大道玄玄，妙法玄玄。

思量何處煉眞鉛，不在溪邊，卽在山邊；爐中灼灼火生蓮，朝吐青煙，暮吐青煙；

三還九轉已完全，景兆眉前，香滿庭前；　仙丹一粒下丹田，行也安然，坐也安然。

浮生在世幾年年，不必熬煎，何苦熬煎；　那如學道處林泉，或伴花眠，或伴雲眠；

好將功果快修圓，待詔書傳，有詔書傳；　飛昇直上大羅天，不是神仙，誰是神仙？

道情十首

人生塵世有窮通，古往今來在抵同；　日月兩輪常運轉，乾坤一氣自騰空。　閒吹玉笛花陰外，靜撫瑶琴夜雨中；　試問紛紛名利客，能經幾度夕陽紅？

余乃葆眞道人是也，世居富水之南，薄田數畝，茅屋數椽，俯仰無虞，怡然自得。　以為人生在世，百年瞬息，縱膺榮華富貴，轉眼亦自成空，到不如及時修道，學那箇赤松子流，無拘無束之為愈也。　有時雲遊方外，每遇山水奇秀處便樂而忘歸，囂塵名利之場，並視如草芥，本性然也。　嘗作道情十首，以攄鄙懷，倘遇知音，以助一笑。

處深山，避俗塵；　喜歌謠，寫性眞。　回光返照水中銀，三心滅盡調元氣，四相忘形覓主人，眼前卽有桃源境。　此一時，花含葉孕；　候雷鳴，萬物皆春。

守清虛，體自安；放靈烏，入廣寒。纔交半夜得奇觀，青龍白虎欣相鬥，姹女金公喜合歡，雲收雨歇黃芽產。待氣旋，抽添符火；鼓橐籥，煅煉丹丸。

學修行，了俗緣；訪明師，把道傳。方知玄竅隱先天，子升陽火因雷動，午降陰符得巽還，時逢卯酉停車輦。煉一顆，如意寶珠；有誰知，見龍在田。

採元陽，藉巽風；煅三還，九轉工。爐中灼灼火光紅，周天息數須明白，刑德臨門務貫通，玄翁長把絲桐弄。望曲江，一輪明月；這其間，造化無窮。

龍得珠，上九蒼；獅得毬，奪陰陽。人能返本到西方，降魔全仗青鋒劍，驅鬼還憑閃電光，分明大道何須想。看天機，鳶飛魚躍；渡苦海，寶筏慈航。

悟盈虛，養元精；晰陰陽，了死生。花香風送月華明，金光點點浮眉上，玉笛聲聲入帝京，斯時丹熟何須問。只一心，懸巖高卧；任憑他，虎鬥龍爭。

視陽光，照眼花；　見牟尼，靄絳霞。　時當運轉紫河車，行從尾閭遊天谷，降下重樓返故家，自知不死原無假。　歎人生，如駒過隙；　休貪那，象簡烏紗。

雪花飛，起震雷；　頂門裂，產嬰孩。　一來一去幾千回，先遊塵世遺蹤也，次步蟾宮得快哉，金童玉女雲邊待。　修眞士，功成果滿；　只候他，詔書特來。

跨青牛，履紫煙；　赴瑤池，會眾仙。　恭參王母話眞鉛，謂余修道心如鐵，賜宴蟠桃酒一筵，從今六道輪迴免。　任君遊，十洲蓬島；　駕祥雲，直上南天。

披羽衣，滿袖香；　捧丹書，詠霓裳。　欣然直把雲梯上，絳鸞綵鳳為前導，甲將丁兵護兩旁，巍巍雙闕明珠亮。　步金堦，恭朝玉帝；　受仙職，志遂名揚。

世事風雲變態，青山綠水依然；　人生富貴總由天，何必心勞力倦。　昨日猶為稚子，今朝不覺壯年；　望兒望女望妻賢，空使情懷眷戀。

和王子去求仙

「王子去求仙，丹成入九天；洞中方七日，世上幾千年。」此詩未知出何時，著何氏，然以其筆畫簡便，辭旨淺顯，故人人以為啟蒙之揩。余不揣管見，依韻杜譔一絕，以課我家塾之幼學也。

何處覓神仙，壺中別有天；此心同水月，永世不知年。

和黃又龍丹道闡象調 四首

奪得乾坤造化，還原這點靈光，若將嬰姹締鴛鴦，定感天神下降。已透玄關消息，胸中自有主張，金烏夜夜却飛揚，出入廣寒宮上。

不見因筌得偶，也聞擇配憑簫，秦樓雅管儘堪描，怎奈知音甚少。遂駕玉龍金鳳，飄然直上雲霄，爾時光景足逍遙，迴出人間塵表。

化物為龍莫測，甲鱗潛養遐年，且由試躍在深淵，纔得來田出見。　倘慣玩珠蛻骨，斯時威力無邊，風雲際會上飛天，降下甘霖數點。

這箇琉璃寶塔，七層通體玲瓏，看他面面透清風，未曉幾多眼孔。　信步直登頂上，瓊花亂撒空中，雷聲逸響日升東，此是玄門運用。

和夏次山畫圖七律二首

萬物何曾出此圖，流行妙用洩天符；　三元結就懸胎鼎，二氣交成偃月爐。　生在離宮無返有，寄於兑位有還無；　今君打破玄關竅，不作人間小丈夫。

渾然三教匯宗圖，包括陰陽運火符；　烏兔升沉推橐籥，乾坤造化煉丹爐。　雷當起處天根見，風到微時月窟無；　繪出聖神玄妙訣，人人由此下工夫。

和張修梅詠道七絕二首

眞修何事伴巖前，到處都能養性天；灑脫如翁眞好道，逍遥世外一神仙。

不戀紅塵利與名，脫然無累一身輕；知君自有眞靈在，心境如同皓月明。

和載書兄詠道原韻

得受師傳下手工，陡然心緒悟眞空；剖開太極無他巧，一法通兮萬法通。

和萬少雲悟性原韻

瞻韓慕藺十餘年，今讀瑶章意更專；不戀繁華同世俗，惟圖棲止伴雲煙。幾杯美酒醺醺醉，百韻新詩句句妍；莫謂囂塵無逸士，人間到處有神仙。

乾坤藏袖裏，日月貯壺中；乍醒黃樑夢，頻敲古寺鐘。能知煉石法，自得補天工；稟受雖無異，栽培迴不同。

贈宋授成修道歌

靜看塵寰煙水淡，徧遊湖海訪同伴。偶來漢上兩三春，未逢一箇是知音。近聞好道君聲色，敢將丹旨與君說。與君說破修丹旨，下手先須履虎尾。先須下手到蓬萊，蓬萊山下生雲雷。雷聲轟轟坎離交，種得黃芽延壽考。黃芽出自中宮土，土鎮中宮為樞紐。火生龍兮水生虎，龍虎往來分子午。子午卯酉四正位，四位驂停休進退。退符進火上下行，數滿周天丹始成。丹成永作逍遥客，一任遨遊華胥國。君今莫笑弄歌狂，能使飛昇謁玉皇。

贈吴百川先生 並序

百川先生，氏吴名天秩，號西園，陝西平利縣人也。自幼慕道，得高人秘授，因人事未盡，溷跡市井，貿寓敝行。余見其丰姿瀟灑，襟懷磊落，至今年已六旬，仍然黑鬢童顏，步履如飛，有飄飄欲仙之致。余異而問曰：「先生其得養生之術乎？」答曰：「無之。」余心終疑而莫釋。越數日，交漸深，吟詩把酒之餘，眞情畢露，因謂余曰：「我之所以能如是者，非得養生之術，實得養生之主耳。」余遂斂容而問曰：「先生養生之主，可得聞乎？」先生曰：「無他，順我之性而已。」余曰：「何謂順性？」答曰：「余之順性，非世俗所謂甘脆肥濃以養口體也，乃清淨寡欲以養其心耳。」余聞之如醉如夢，豁然初醒，遂鼓掌而歎曰：「仙乎，仙乎，有斯道歟，是卽吾師也。終身行之，豈敢怠哉？」因不揣鄙陋，勉成七律二首以贈。

飄然風度擅無倫，應是神仙脱化身；一葦慈航堪普渡，滿腔大道見修眞。襟懷朗徹三秋月，氣宇融和萬象春；不有高人傳異術，那能如此出囂塵。

雅致翩翩迥絕倫，遥知仙骨在君身；光風霽月人同賞，說法參禪子獨眞。一片仁慈敷化日，半天雨露布陽春；漫云近世無仙侶，那識高人溷市塵。

贈瑞芝陳先生 並序

先生漢陽縣人也，性敏慧，嗜修眞，心平氣和，有瀟灑出塵之概。余勸以學道，先生曰：「美哉子言也。今之談論者，戲謔多矣，卽間有知心者，非名卽利，終不過口頭語。吾子以道學勸我，吾子必從學道中來也。」余曰：「然。」遂成道友，講論道學。越數日，遂以家藏丹經示余讀之，乃諸仙授受口訣。因成俚句七律二首以謝。

指點迷津是此篇，始知衣鉢有眞傳；欲參靜裏無窮妙，須讀人間未解禪。八卦爐中分造化，一囊藥内悟神仙；於今領畧先生訣，不是奇觀亦信緣。

何須訪道參名師，熟讀仙經盡可知；打坐全憑神氣足，燒丹獨賴火功奇。雲蒸霞蔚河車動，風送花香斗柄移；霹靂一聲天地濶，應教同日赴瑶池。

寄贈黃柳峰先生歸隱並序

遥聞先生有歸隱志，特到玉嶺山前築一別墅，潛居養性以避俗塵，第一高着也。且在家出家，在世出世，不為僧道，不講經偈，洗心滌慮，是亦涵養性天之功，古之高人逸士比比然也。僕與家兄載書素有脱塵之想，奈局棋未了，不能撒手。倘異日得脱樊籠，欲與先生作一伴侶，倣羲皇之採藥，效劉阮之得仙。其中玄妙，還望指示，則受誨無涯矣。並作七言俚句以贈。

是誰心境最高明，莫若幽居了俗情；倘得仙緣登道岸，應完人事煉元精。天根自覺雷初動，月窟偏知風已生；　脱淨紅塵無別慮，相邀巢許結同盟。

借韻贈賀九如 七律五首

閱徧名山便釋疑，緣因衣鉢訪希夷；　火工到處方成寶，學問深時好詠詩。　剥令寒砧催木葉，復傳春信放梅枝；　願君早得乘槎術，窮盡河源道可期。

玄珠底事費搜尋，遺在崑崙古到今；　克耐三遭邱祖志，須經十試吕翁心。　飛鳩化藉杯中物，頑石點成世上金；　學得神仙眞手段，高山流水是知音。

了脱塵緣萬事休，幽懷豈與俗同儔；　九還乾位人難識，七返離宫道可求。　巢父安貧忘富貴，仲尼避世著春秋；　有時高卧邯鄲枕，一覺黄粱百不憂。

不愛黄金積滿堂，惟期九轉步雲鄉；　素琴弄罷流音遠，玄酒醺殘淡味長。　太乙爐中加漫火，須彌山上覆元霜；　只因奪得天工巧，跳出人間鬧熱場。

古今大道貴中和，這箇機關昧者多；世事如同春夢幻，人生恰是白駒過。雲蒸火棗歸金鼎，雨灑黃芽出土坡；他日超昇三界外，羣仙赴會快如何。

贈汪東亭七律一首

彈琴須要遇知音，恨我相逢論道遲；阮肇劉晨同採藥，南辰北斗共敲棋。圖書參透眞消息，鉛汞凝成不老兒；試問神仙何處覓，而今訪得在虛危。

題贈趙見田壽世圖

先生事業本黃農，藥採名山幾萬重；曲徑鹿遊尋瑞草，閒雲鶴立伴孤松。婆心壽世神仙品，奇骨超凡道德宗；一幅畫圖誰得到，扶輿靈秀斯人鍾。

題陳希夷先生睡圖並序

陳希夷先生者，古之逸賢也，因世降風移，隱居華山，由是修眞而得道，能知過去未來之事。又聞有各種睡法工夫眞訣，不傳於世。余髫年時心常羡慕。茲於光緒己丑歲在漢適遇汪君東亭、李君雲嵐，交情甚秘，談道竟日不倦，今閱十月矣。汪君遂袖出陳先生蟄龍法像並題口訣三十二字以贈李君，蓋欲李君志道勿退之意也。李君卽以授余，並囑題讚。余性質魯鈍，久疎筆墨，兼之事務紛紜，亦短於斯道，而又不敢違命，只得勉成俚句數章，以明罕見之意云。

這先師，睡得好，恰似太極兩儀抱；二五交合氣完全，精神能同天地老。
這先師，心無慾，終日鼾鼾睡不足；待到一陽來復候，四海升騰參化育。
這先師，心裏靜，春夏秋冬睡不醒；混沌未分亦此象，紛紛塵世何人省。
這先師，是逸賢，飄然出世一神仙；丹青畫善並傳神，贈與知音作警篇。

贈周俊夫並序

麻邑有周姓名俊夫者，善堪輿，世居龜峯之麓，嘗怡情山水，喜讀青囊。後與余同貿漢，談及道學，遂成莫逆，故有是贈，希卽訂正。

上地如君眼界新，徧遊山水樂天眞；而今鑄得龍泉劍，斬斷凡身換法身。

贈周映軒

寄跡魚鹽二八秋，雞羣鶴立異凡流；知君素有煙霞志，爭奈塵緣事未休。

贈周季昌

道法欽君入妙玄，一壺能貯地和天；將來功能朝元後，聚則成形散則煙。

贈黃蔚堂

業紹宣公為活人，果然妙手自回春；而今煉得靈丹藥，老去容顏忽更新。

贈劉彥臣

富貴從來人共欲，縱膺富貴不知足；天門惟有劉彥臣，看破紅塵把命續。

贈劉瓊閣

卅載為官寄漢陽，普流恩澤姓名香；因茲不昧生前性，猶玩金蟾吐月光。

懷春墅家先兄

余讀先生寓園檢稿，知其深明道學，恨今不在世矣。因口占一絕，以誌感云。

公去日已古，我來日已今；恨不同時出，山水有知音。

和子渝兄詠道迴文

同參妙法妙通玄，俗世潛修補性天；風火運殘安鼎竈，兔烏飛轉返坤乾。中含玉粟如星點，久煉金丹似月圓；東到西來先覓我，空心悟道學眞仙。

錄周季昌山居道情 七首

結茅菴，聊寄身；喜修行，有夙因。飄然世外一空人，林間野鹿時時見，洞口閒花色色新，塵埃打掃靈臺淨。倣欒巴，酒能滅火；效顏回，心不違仁。

悟前生，在廣寒；要重修，戊己壇。形軀莫待老摧殘，香醪釀就當茶飲，芝草採來作飯餐，無榮無辱無牽絆。學參禪，蒲團打坐；一陽動，遂以心觀。

修性功，絕妄緣；續命方，養氣全。玄關一竅要師傳，九還金液爐中煉，七返朱砂鼎内煎，眉端忽見豪光烱。這時間，預當止火；跨海馬，直上西川。

煉金丹，水火風；奪乾坤，造化功。一團生意在其中，補天妙術誰人識，縮地奇方那箇通，琴搖一曲來儀鳳。摘幾枚，交梨火棗；入腹中，返老還童。

大丹成，徧體香；水晶珠，放寶光。雙眸返照未坤方，神遊八極天然樂，氣化三清道自昌，斯時只待詔書降。訪高眞，危巖古洞；得逍遥，海島雲房。

駕火龍，入太清；丁甲兵，護衛行。縹縹緲緲抵天京，文星武曲齊相賀，風伯雨師左右迎，通明殿上參玄聖。近問余，修眞幾載；唤仙官，仙籍登名。

下天堂，轉羽車；彩雲繞，紫氣遮。蓬萊閬苑是吾家，仙翁道友同遊戲，月白風清得自賒，壺中別有乾坤大。歎世人，勞勞碌碌；怎似俺，終日瀟灑。

立意

脱盡俗情，隱棲幽谷；渴飲粗茶，饑餐疏粥。不識不知，無榮無辱；避世塵囂，浣我心腹。散步林泉，醒眼花木；寄意詩歌，移情絲竹。弄月吟風，尋梅採菊；談笑鴻儒，意氣相續。以此度日，可謂知足。

續命

續命仙方，始於李耳；口授心傳，不遺經史。法本陰陽，數分泰否；靜若虛空，動無遠邇。聚氣留神，踐形歸旨；乾種金花，坤生玉蕊。水浸山頭，火燒海底；日食龍涎，時餐虎髓。自免輪迴，有何生死？

尋眞有感

道服曾披不計年，芒鞋踏破舊山川；倘逢羽客傳眞秘，願與仙家結夙緣。世上浮名原有限，人間苦海總無邊；何如早覓回頭岸，一壑一邱得自然。

雲遊參道

虎觀談經已數年，攜囊到處訪眞仙；誠心欲得玄機秘，悟道還須妙法傳。雲外洞天無俗士，寰中福地有名賢；蟠紆直步羅浮頂，水繞孤峯人望懸。

羅浮訪仙

紆迴歷偏望崖巔，百尺岧嶤路接天；欲訪高人採藥處，偶逢童子倚松前。雲迷古寺深山裏，犬吠茅菴曲徑邊；到此煩襟都滌盡，俗緣拋却結仙緣。

歷盡崎嶇始到巔，蒼茫一望霧連天；山藏古寺鐘聲響，風掃閒雲日影懸。縹緲煙迷花徑外，依稀犬吠竹籬邊；欣逢童子來松下，為問尊師採藥還。

感師傳授

薪傳得受老仙翁，靜養靈臺萬慮空；日月往來龍吐氣，坎離顛倒虎生風。物沾時雨皆滋化，道運元神可擴充；漫說陰陽能剥換，都從衣缽得來功。

冬日問候

久與吾師道範違，每思拜謁每愆期；欣逢冬日陽生候，料是高人靜養時。閒弄絲絃延歲月，時敲石火煮瓊芝；明春幸得門牆入，還望薪傳破我疑。

歸隱

爭名奪利古今同，畢竟看來總是空；富貴浮雲何足戀，林泉趣味自無窮。朝聽牧笛吹殘露，暮泛漁舟唱晚風；世界花花都不問，一心歸隱計何工。

幽居

平生心跡愛林泉，無是無非好學仙；樹密常聞鶯燕語，花明每見蝶蜂穿。閒行野徑尋丹藥，靜掩柴扉鼓素絃；淡酒幾杯忘俗慮，醉餘且向北窗眠。

集經名

詩書作述本先賢，抱朴雲遊訪谷泉；日照南華騰紫氣，時看北海吐青煙。黃庭熟讀還源卷，絳闕精求復命篇；更有陰符兼道德，誰人識得妙中玄。

集仙名

手扶鐵杖問韓湘，忽入雲房得道光；欲到杏林尋果老，先臨鬼谷遇純陽。金丸久煉長生藥，玉鼎曾烹續命湯；未見莊周參李耳，好持麈尾學羲皇。

避塵養性

結宇深山避俗情，潛修道果學長生；人間萬事都拋却，養得天機一片清。逃出紅塵到上方，白雲鄉里任倘徉；從今掃盡靈臺垢，招得仙風滿袖香。

敵魔

從來嗜慾損精多，靜養靈臺得太和；好把智燈長掛起，憑將慧劍斬羣魔。

玄機 四首

曲江透出月光輝，無那人間識者稀；二十年來纔悟得，不妨說破洩天機。

自悟鴻濛未判前，順為人道逆為仙；寒泉靜裏花陰動，料是猿猴月下眠。

鎖住心猿歸太虛，渾然還我未生初；空諸色相除煩惱，太極圖前運斗樞。

菩提樹下說眞常，花蕊香飄透上蒼；月到天心人不覺，回頭清影過西廊。

金丹 八首

金丹消息不難知，須悟身中活子時；採取元陽還造化，自然續命有靈芝。

青龍白虎各爭强，紫氣紅霞繞碧蒼；戰罷雲時天地潤，元陽一點透金光。

人身即是小周天，氣血流通晝夜旋；保得精神成道果，貯看火裏湧金蓮。

大道無形不可名，幾人剖出濁中清；要知仙佛眞衣鉢，換骨金丹是養生。

春雷迅烈震虛空，天地山河體混融；一陣清風雲雨散，朗然明月正當中。

採藥安爐結聖胎，抽添符火費徘徊；銀河馭上崑崙頂，降下重樓醉幾杯。

潛修玉洞養全眞，不為浮名染俗塵；靜裏觀濤忘甲子，閒中悟道守庚申。

渾然太極悟先天，袖裏玄機妙不傳；世界三千空色相，靈臺十二息塵緣。

詠悟自然

返本還眞性，悠然異俗情；　迪開心穎悟，養得氣清明。飛鳥山中適，游魚水上行；
看來機活潑，何事苦營營？

悟性

莫以文為重，須求至性純；　無花休問道，有酒好修眞。關口調元氣，清心養谷神；
一塵如不染，長樂洞中春。

悟道二首

莫道玄機藏坎户，須知運用在靈臺；　風吹楊柳鉛情現，雨灑桃花汞性開。跨虎金翁
水裏出，乘龍姹女火中來；　二人配合黃婆舍，產箇嬰兒號聖胎。

金丹妙訣不難知，月吐庚申正子時；無孔笛吹神姹女，没絃琴抱氣嬰兒。明明大道天交地，秘秘玄機坎伏離；不棄俗塵修命寶，人生難滿百年期。

詠道 四首

道法雖然有異殊，苞符闡出始河圖；間將天地為爐鼎，靜取陰陽運火符。水閃秋星皆玉粟，風摇皓月卽金珠；分明至寶形於外，爭奈凡夫視若無。

鴻鈞大道妙難傳，配合陰陽顛倒顛；佛法三乘純至性，仙家九轉煉眞鉛。南山花木隨時放，北海星辰逐夜旋；不有聖師親口授，那能悟得箇中玄。

曾讀仙經數十年，幾番悟到未生前；履殘虎尾凝春雪，扭住龍頭斂紫煙。掘地採鉛明正子，補天煉石作純乾；從知大道無多事，萬物歸原只一圈。

世人動口說參禪，誰識此中有正偏；漫道龍涎能續命，須知虎髓可延年。旁門終是貪風月，大道無非煉汞鉛；倘得玄關眞寶現，飛昇何處不神仙！

還丹 四首

一陽初動自心知，正是丹家下手時；能縱金烏擒玉兔，定凝舍利化牟尼。七情屏絕堪修道，六欲消除好築基；不是神仙眞妙術，那聞男子產嬰兒。

不修大道奪陰陽，難免輪迴六道殃；應索南辰朝北斗，須邀織女會牛郎。凝成舍利非凡寶，煅熟靈丹分外香；時向瓊湖餐瑞雪，從知我命與天長。

塡離取坎復成乾，自覺飛龍已在天；白雪紛紛彌六合，金花朵朵徧三千。莫將至寶藏中穴，好把元神返上田；霹靂一聲驚入耳，來人報道是昇仙。

脫却皮囊卽是仙，逍遙自在總悠然；功成跨鶴歸蓬島，丹熟乘龍謁帝天。春暖祇園看舞蝶，秋高鷲嶺聽鳴蟬；　閒遊物外無拘束，一任乾坤自變遷。

憩雲亭二隱士小傳

五季之末，有一亭焉，地在吳楚之間，層巒聳翠，高出雲霄，遠望近眺，誠雅致也。時有二隱士，一李姓名純如，一許姓名爾清，博通今古，抱經濟才，因值世亂，不求聞達，嘗遊憩於其間，談論終日，相契最深，因顏其亭曰憩雲亭。一日間，純如謂曰：「出處之道，吾已籌之熟矣。為今之計，莫若閒居僻處，或登高而舒嘯，或臨流而賦詩，或賞花而玩月，或飲酒而撫琴，優游自適，以終吾年，不亦可乎？」爾清曰：「君懷高雅，可謂瀟灑出塵矣。究不如遯跡山林，棲居巖穴，只與高人逸士時相往來，枕流漱石，樵水漁山，屏俗慮，養性天，其志不更高乎？」二人遂相得益彰，慕巢許風，計將偕隱。忽有一老翁，鶴髮童顏，扶杖而來，聞其議論，乃曰：「二駕志極清高，誠非俗士可及，惜乎所見者小，未足以造大道也。」二人異之，遂謂曰：「願翁指教。」翁笑曰：「吾欲以天地為逆旅，以光陰為過客，以日月為彈丸，以列星為囊珠，以五嶽為屏障，以萬物為一體，以河洛為化機，以奇門為妙用。不戚戚於貧賤，不汲汲於富貴，有酒輒飲，期在必醉，優哉游哉，聊以卒歲。避世在此，養生亦在此。此吾所修之大道也。」二人相顧自慚，遂拜服曰：「老翁大道玄妙極矣，仰之莫見其高，俯之莫測其深，雖古聖賢，不是過也。」究其生平，乃知為隱逸君子，亦不告以里居，不名其姓字，倏爾清風，不知去跡。二人因之心胸開拓，於焉得道。遂為之傳以誌之。

溯源清眞觀記

清眞觀，乃碧雲巖遺跡也。明末有人焉，姓嚴名方字雅齋，博通今古，嗜閒散，不慕榮利，世居吳楚間。弱冠時結廬於深山，掩扉靜坐，凝神煉氣，如斯者數年，自以為得長生之訣焉。忽夜夢一人，呼雅齋曰：「汝今慕道有年，欲覓長生之術，非訪明師不可。」曉起，思及夢中言，莫非神人點化乎？欲誠心訪道於名山，而徬徨四顧，又不知所之。聞得下江山水清秀，必多仙佛，因是身披道服，手攜麈尾，肩背葫蘆，竟至廬山歸宗寺。長老六靜見其風雅出塵，請入方丈，坐定：「敢問參師高姓大名，因甚至此？」雅齋備述姓名里居：「生平嗜道學，未得其門，欲訪明師指迷。」六靜云：「不用別尋方外去，人間亦自有丹邱。」「請問長老，寺內法師多寡，孰為好道？」六靜曰：「老僧門下，談經入妙者約計三十，悟化眞空者亦有八九，在寺理事者共計三百餘人。」二人遂結為道友，終日講論性命玄機。一日，天氣融和，步至五老峯，但見懸巖疊翠，曲徑飛花，極目遠眺之餘，視羣山如邱垤，覩長江似行潦，何其壯也！忽焉，日之夕矣，欲歸無路，望林中一點燈光，或可棲宿，及投之，乃一所茅菴。見一和尚凝神屏息，默坐蒲團。雅齋呼之，半晌，和尚曰：「何人在此喧鬧？」雅齋曰：「日暮途窮，乞禪師恩光照我。」和尚寂然不答，彼亦倦遊睡去。夢中，聽得禪師云：「吾有一師弟，道號碧雲，曾與余同受陳摶老師秘傳，今在終南碧雲巖修煉，已成六通，若肯相訪，必得長生之術。」醒時，日上三竿，乃在荒郊而卧，猶想昨夜禪師指引。回到歸宗寺，向長老備述如此。六靜喜曰：「恭喜參師，仙緣得路。」雅齋告辭，來到九江祖師殿，波浪滔天，欲渡無舟。越十餘日，纔抵漢皋，到甘露寺，長老悟明問曰：「參師何往？」雅齋曰：「特到終南山訪道於碧雲先生。」悟明曰：「吾輩非有靈根仙骨，誠恐欲訪無緣，不如在此修煉亦可。」雅齋以為，不患不成佛，只患不誠心。於是，又別悟明而去。時值暮春，兩岸桃花，終無雜樹，一村綠草，却有清香。玩賞之餘，忽逢一富翁問其姓氏行蹤，雅齋一一備述之。見天色以晚，遂邀至家欵待甚恭。正值春雨連綿，嘗以俗情動之勸曰：「老生夫婦年近七旬，家產頗厚，膝下無兒，只有一女，欲配無緣，意欲擇一賢士招贅之，以作半子為二老百年之計，倘蒙不棄，不獨小女之幸，抑亦老生之幸也。」雅齋一笑承之，翁遂以此意告其妻與女，無不欣然。酒席行坐，並無所避，遂訂期以為洞房之喜。雅齋知其意，不敢面辭，遂棄行李而行。可憐一路跋涉，何等艱辛，終歲訪詢，卒難一晤，心中不勝皇然。行不數里，仰望高峯聳立，忽聞有歌聲。歌曰：「好清風，好清風，清風吹入玉壺中。來時瀟灑壺中客，去後無蹤。」聽罷，只見壑間一樵夫，遂問曰：「尊翁所歌高雅，令人歎賞。」翁曰：「此歌非老夫所作，乃碧雲先生故曲。」雅齋曰：「先生現在何處？」答曰：「離此數十里名為碧雲巖，此卽高人養性處也。」雅齋聽之，遂欣然前行。日近午，有松風亭一座，可以納涼，忽聞虎聲咆哮，驚懼不遑，欲行而未敢行，欲止而未敢止，遂潛入松林以避之。幸而虎亦搖尾徑去，心始定，遂攀巖而上。見一茅菴斜倚古樹，左右修竹，喜曰：「此莫非逸士所居碧雲巖也。」宅邊一道清溪，長流墨浪，水面鱻鱗遊戲，石邊老蚌生珠。雅齋甚異之，而疑信相參。走至柳陰橋下，有一童子洗滌筆硯，問曰：「爾是嚴雅齋否？」雅齋驚曰：「汝何知我姓名？」童子曰：「昨夜師云，明日有方士至，故冒叫一聲。」雅齋曰：「汝師為誰」？童子曰：「吾師姓丁名體仁，道號碧雲是也。」「汝師何為？」童子曰：「吾師平日或吟詩於月下，或垂釣於溪邊，或彈琴於石上，或飲酒於花間。行年百有六，終日朗誦黃庭。」雅齋驚訝不已：「蒙汝為之先容。」至其宅，始聽琴韻清幽。少焉忽住，有一人出迎，恰是九天雲外客，依然陸地一神仙。童子謂雅齋曰：「是即吾師碧雲也。」雅齋曰：「久聞芳名，特來懇訓。」碧雲曰：「山人愚拙，敢辱高軒。」雅齋見圃栽花木，架列琴書，遂吟詩曰：「户外奇花滿地栽，清風嘗引暗香來；琴眠案上依黃卷，鶴立堦前點碧苔。」碧雲閱其詩句清雅，附錄卷上，贊曰：「參師佳章不亞唐人名句也。」問曰：「參師年幼，為何遊玩至此？」雅齋以曩時禪師指引，細訴一番。碧雲喜曰：「那和尚名為白九霄，即吾師兄也。當年飛昇時，遺詩一首曰：『跨鶴騰空去，逍遥自在仙；人間萬種事，不到白雲邊。』」又將希夷先生傳授金丹妙訣互談半晌，偕入內室，冥心靜坐，涵養全眞。雅齋一日晨起，見紅日東升，恍似金丹，信口詠曰：「圓陀陀，光灼灼，幾箇悟兮幾箇覺。」碧雲聆之，答曰：「昨晚黃河歸去來，今朝直上三清閣。」二人把酒吟詩，相得益彰，可謂千載知音。雅齋謂碧雲曰：「余欲採藥靈山，補築丹基，奈無伴侶，若得先生同往，實乃三生有幸。」碧雲慨然允諾，即將行囊收拾停當。二人離了碧雲巖，遂行六七里，舟渡恒河，由漕溪而上鷲嶺，復達須彌。遥看危巖壁立，藤蘿倒掛，鳥語與泉聲互答，嵐光共夕照爭輝。二人趺坐石上，忽然狂風大作，樹木喧嘩，濃雲四起，雷電驟來，杳無避雨之處。幸於峭壁下得一石屋，疾入，並無人蹤，中有床榥石桌碁盤。二人圍棋一局，看看雲收雨歇，日霽風清，然後下重樓，過南華，不覺已到靈山。一路崎嶇，奇花不少；四路搜覓，芝草全無。心摇摇而不定，意悵悵其何之。遥望一叟，手攜錫杖，自幽谷而來，問曰：「二人到此何事？」對曰：「弟子至此，特覓靈芝療病，搜尋數月而未得，還望老翁指示。」答曰：「吾今特來指引，火炎峯下有靈芝數莖，水晶塔上有甘露一瓶。」又示以取坎填離工夫，安爐立鼎口訣。二人心領神會，老翁遂駕雲而去，方知得遇仙緣，不勝歡喜。及到峯下，確有靈芝數莖，復行數百步，又到水晶塔，果有甘露一瓶。二人正在飢渴之際，飲下，頓覺心地清涼，頭目爽快，不但不渴，亦且不饑。塔上西王母詩一首曰：「點化凡夫脱俗塵，一瓶甘露得全眞；調和大藥成功後，服下丹田萬古春。」原是聖母所賜，二人拜謝而歸。不數日，到了茅菴，呼童打掃丹房，安立爐鼎，內鼓槖籥消息，外依斗柄循環。剛剛七日，爐火正發，四面豪光烱烱，耳聞雷聲不絕，化作一團和氣。百日丹成，滿室清香撲鼻，視之色如丹橘，食之味若洋酥。忽然身心爽快，霎時不覺天花亂墜，清景異常，肉髻中湧出舍利，脚踏下生出蓮花，一縷紫氣直透天宮，二人因之騰空而去。鼎內約有丹頭半升，童子盡擲諸地，雞犬食之，卽時化鶴飛去。剩有一丸，童子食之，亦飛昇而去，只留一所空菴。後世察其由而重修之，名曰清眞觀。繪二仙神像奉，晨夕香燈，騷客遊人至此，無不留題。自是，碧雲巖遂為千秋勝跡焉。是為記。

浙西海印子 著

玄談集（選錄）

論性命圭旨十二大錯

性命圭旨一書，玄宗學者，往往圖之，然皆以色身立說，誤人不淺。如反照圖、時照圖、内照圖，盡以色身為喻，斯與黃帝「我尚何存」、老子「外其身而身存」之旨已大相背戾矣，與鍾祖「未生身處下工夫」之語、呂祖「窮取生身受氣初」之說亦乖違矣。

亨集退藏沐浴工夫節内謂：「欲通此竅，先要存想山根。」學者讀到此處，往往依書行事，得腦漏等症。昔汪師有一女弟子，未遇師時，依此下功，竟發癲成傻。此誤人一也。

又曰：「常操此心，退藏夾脊之竅，則天地正氣，可扯而進。」若果依此下功，非得遺精症不止。此誤人二也。

玉液煉形法，則盡抱着這臭皮囊做工夫，此與先天虛玄大道，究有何干？此誤人三也。

安神祖竅節内謂：「人身乃小天地，心臍相去，亦有八寸四分，而中心之中，適當四寸二分之中處。」此豈純陽老祖所謂「玄牝玄牝眞玄牝，不在心兮不在腎」之旨趣耶？若果凝神於此處，非生痞塊不止。此誤人四也。

法輪自轉工夫節内謂：「始而有意，終於無意，起初用意引氣旋轉，由中而達外，由小而至大，口中默唸十二字訣曰『白虎隱於東方，青龍潛於西位』，一句一圈，數至三十六遍而止；及至收回，從外而旋内，從大而至小，亦念訣曰『青龍潛於西位，白虎隱於東方』，亦數三十六遍，復歸太極而止。是為一周天也。」斯則盡屬旁門外道，與黃老宗旨毫不相關。此誤人五也。

蟄藏氣穴節内謂：「眞人呼吸之處，當正臍輪之後，腎堂之前，黃庭之下，關元之上。」引廖蟾暉云「前對臍輪後對腎，中間有箇眞金鼎」，謂「既識此處，即將向來所凝之神，而安於竅中之竅」。此豈老子「外其身」、譚子「忘形以養氣」之旨趣耶？西遊記喻抱着色身修煉者，為想喫唐僧肉延壽一萬年，此等皆是豺狼虎豹蜘蛛蜈蚣之類，無復人形，蓋深斥而痛詆之也。此誤人六也。

利集採藥歸壺節内謂：「採取工夫，即達摩祖師形解訣，海蟾祖師初乘訣。二訣大畧相同，不外吸舐撮閉四字。」又聚火載金訣法内謂：「此法即達摩、海蟾二祖師『吸』、『舐』、『撮』、『閉』四字訣是也。吸者，鼻中吸氣以接先天也；舐者，舌拄上腭以迎甘露也；撮者，『緊撮穀道内中提，明月輝輝頂上飛』也；閉者，『塞兑垂簾兼逆聽，久而神水落黃庭』也。」如是吸舐撮閉，盡在色身上搬運，與外道何異？此誤人七也。汪師嘗謂，如此著書，誤人不淺，蓋初學必認此為口訣，不信身外虛空一着故也。

又採藥歸壺節內謂：「俄頃癢生毫竅，肢體如綿，心覺恍惚，而陽物勃然舉矣。此時陽氣通天，信至則瓊鐘一扣，玉洞雙開。」汪師嘗謂，靜定中外陽稍動，速即離身，向外心息相依，則外陽如電而倒，何待舉乎？凡做到外陽勃舉者，即不速離色身之過，盡是認賊為子而不覺，以奴為主而不知。況道貴先天，此等色身內陽生，靜極生動，無關大道，工夫好者，外陽微動則有之，勃舉則絕無。若果勃舉，已着色身，工夫已差，何得以勃舉為神奇，號之為藥產？此誤人八也。

乾坤交媾節內謂：「眞鉛入鼎之時，須奮迅精神，目視頂門。」以泥丸頂門，方圓一寸，為玄中之玄，天中之天，豈不見李道純煉虛歌云「採鉛虛靜無為作，進火以虛為橐籥，抽添加減總由虛，粉碎虛空成大覺」乎？汪師曰：丹法全重外面虛空一着，若有一毫意見着在色身，即是「毫髮差殊不作丹」。圭旨所謂目視頂門，顯與虛無大道不合。此誤人九也。

夫「乾坤交」一語，原是象言，工夫一到虛極靜篤，此際色身已空，譬之於地，外面乾陽眞氣到身，譬之於天，彼此涉入無礙，周遍全身，薰蒸四肢，空有混融，妙竅齊觀，此所謂乾坤子午交，豈以神氣交合於頂門為乾坤交乎？卯酉周天口訣內謂「先以法器頂住太玄關口，次以行氣主下照坤臍，是為一度。又從坤臍而升上乾頂，又從乾頂而降下坤臍，如是三十六轉，是為進陽火； 三十六度畢，開關以退火，亦用下照坤臍，從右上至乾頂，左邊放下坤臍，是為一度，如此二十四轉，是為退陰符」云云，盡落外道蹊徑，正陽眞人破迷正道歌之所深訶，泥丸眞人羅浮翠虛吟之所嚴斥。此誤人十也。周天之義，予於玄修抉微內已詳言之，能周身酥軟麻木一次，感先天眞陽一度到身，卽為行一周天。眞陽進得一分，卽後天陰氣化去一分，增一分明，必減一分暗，皆自然而然之效。豈有用兩眼右轉左轉，上下迴旋三十六與二十四之理乎？

採藥歸壺節內謂「虛危穴者，卽地户禁門是也。其穴在於任督二脈中間，上通天谷，下達湧泉，此穴干涉最大，係人生死岸頭，故仙家名為生死窟。參同契云『築固靈株』者此也，『拘束禁門』者此也； 黃庭經云『閉塞命門保玉都』者此也，『閉子精路可長活』者此也。蓋眞陽初生之時，形如烈火，狀似炎風，斬關透路而出，必由此穴經過。因閉塞緊密，攻擊不開，只得驅回尾閭，一撞三關，直透頂門」云云，盡在臭皮囊上作生涯，與先天大道何涉？ 李道純云「虛裏安神虛裏行，潛虛天地悉皆歸」，洞山云「欲得忘形泯蹤跡，努力殷勤空裏步」，此仙佛同以虛無為道場，忘形泯跡，體合眞空，性入元澄，超乎萬有，妙契一眞之證也。奈圭旨盡反其道而行之，不是執泥丸頭頂，卽是執任督中間，「外身」「忘形」之謂何？此誤人十一也。

貞集移神内院節内謂：「頂門竅，豈易開哉？先發三昧火，透之不通，次聚太陽火，衝之畧敵，二火騰騰，攻擊不已，霎時紅光遍界，紫焰彌天，霹靂一聲，頂門開也。」夫玄宗修道，心息相依在外面空中，定亦在外邊空中，定極自能與色身分離，斯所謂脱胎神化，豈有衝破頂門而出之理？此誤人十二也。或曰：呂祖亦云「九年火候直經過，忽爾天門頂中破，眞人出現大神通，從此天仙可相賀」，圭旨諒祖述此一語立說，似亦不為無據。答曰：莊子不云乎，「入出而無見其形，是謂天門，天門者無有也」。可知天門卽是虛空，豈可以頭頂一穴擬之哉？九年還虛，功純力極，撲破虛空，朗然大覺，古人云「粉碎虛空現全身」，又云「業鏡忽然撲破，翻身跳出虛空」，是天門頂中破之意也，奚可作衝開頂門一竅會乎？

以上畧舉十二大端着身誤人之處，學玄宗者，自以不閱此書為宜。然予意此書必經後人改作。圭旨云「受師訣曰：空洞無涯是玄竅，知而不守是工夫」，是明指虛空一着，知而不守，卽凝神於此，知息之出入也。既示身外虛空調息之旨矣，奚必畫蛇添足，而教人存想山根乎？又如釋達磨祖師形解訣及海蟾祖師初乘訣，引證純陽祖師句云「窈窈冥冥生恍惚，恍恍惚惚結成團」。正是此訣，是明示恍惚窈冥，卽是採取，奚必畫蛇添足，而加入「吸」、「舐」、「撮」、「閉」四字乎？又如元集觀音六字大明咒圖，顯係後人攙入，原本必無此圖。以此而論，則所有執着色身做工夫之壞處，恐非尹眞人高弟原著所有也。

外身易形

老子云「後其身而身先，外其身而身存」，參同契云「化形為仙，淪寂無聲」，寒山子云「益者益其精，可名為有益；易者易其形，是名為有易。能益復能易，當得上仙籍；無益復無易，終不免死厄」。

外身易形之道，的是玄宗所修。外身者，明身外虛空一着，如運甕者必立在甕外，方能運轉自如。易形之道亦然，必先捨此色身，到外邊虛無中來，凝神調息，方能無中生有，盡七返九還之妙。是故玄宗丹法，最初從身外虛空下手，最後亦在身外虛空了手，自始至終，步步不離虛空，盡在外邊運用。而一切法驗，則盡在色身上顯得，如易髮、易齒、易血、易瞳，乃至易粗重色身為微妙色身，根身世界，一一密轉密移。洎乎脱胎神化，則飛昇沖舉，神通自在，故能外其身，卽能易其形矣。參同契曰「金砂入五内，霧散若風雨；薰蒸達四肢，顏色悦澤好；髮白皆變黑，齒落生舊所；老翁復丁壯，耆嫗成姹女；改形免世厄，號之曰眞人」，又曰「含精養神，通德三元；　精益腠理，筋骨緻堅；　衆邪闢除，正氣長存；　累積長久，變形而仙」，此乃玄宗修煉之正軌，天人合發之功效也。

清圓明居士即清世宗雍正則謂外易之道有二。其言曰：「有從內而外身易形之道，有從外而外身易形之道。若執內之外易，則似滯殼迷封；　若執外之外易，則似癡狂外走；　若不明二種外易之道，但囫圇排撥，復不力行行道，則饒伊經千生百劫，亦不過空言，欲脚踏實地，了明生死不能也。且將二種內外外身易形之理，試體會看。若也體會得出，許汝明仙佛一貫之道；　若也不能體會，不可執狂言空，以欺人也。」茲試為之解釋曰：「仙宗從身外心息相依起首，借彼先天一炁鍛煉凡軀，身心漸化漸純，累積長久，化形為仙，是所謂從外而外身易形也；　禪宗以一箇話頭，截斷心意意識，直至人法雙亡，境智俱泯，有無不立，能所皆銷，忽然如桶底子脱，虛空粉碎，大地平沉，悟修功純，證無生忍，超脱生死，是從內心智發頓融物我，所謂從內而外身易形也。」然此猶約建化門頭方便解釋，究極而論，法性遍乎一切，本無內外可分，亦不見有身心之可執，則所謂「外易」、「內易」者，亦如黃葉止啼矣。

小大周天

小大周天之名，唐以前無之，崔公入藥鏡、伯陽參同契皆無此名，元明以後，始見於書耳。既有此名詞，各家就題發揮。予謂人身本一小天地，氣血周流，一晝夜一周，即是一周天。丹法取象天地，要在以我身之小天地，混融而入於乾坤之大天地，然後可以與天地合其德，日月合其明，四時合其序，鬼神合其吉凶，而得超凡入聖之機用。

茲若分而言之，小大周天之名，可用三種解釋：

其一，小周天乃氣行周天，大周天乃神行周天。然所謂氣行、神行者，皆在定中行之，特工夫淺深不同耳。何言之？當煉精化氣時，以我虛寂，感召外來眞陽，入我身中。當眞陽來時，渾身上下，俱感酥軟而轉麻木，由麻木而入混沌，不識不知，如活死人一般。斯時我身與虛等，心與空等，天地之虛空，即我之虛空，我之小天地，融化而入於乾坤之大天地，以盡虛空、徧法界之眞陽，養我一身，徹內徹外，透頂透底。呂祖所謂「白雲朝上闕，甘露灑須彌」者，正氣行周天之景象也。葛仙翁曰「離火激海，坎水升虛，玉液灌漑，洞房流蘇，天機眞露，萬籟難如」，參同契曰「修之不輟休，庶氣雲雨行，淫淫若奉澤，液液象解冰，從頭流達足，究竟復上升，往來洞無極，彿彿被容中」，三丰翁道情歌云「待他一點自歸伏，身中化作四時春； 一片白雲香一陣，一番雨過一番新。終日綿綿如醉漢，悠悠只等洞中春； 偏體陰精都剥盡，化作純陽一塊金； 此時氣絕如小死，打成一片是全眞」，龍眉子金丹印證詩曰「朝朝金鼎起飛煙，氣足河車運上天； 甘露徧空滋萬彙，靈泉一派泛長川」，斯皆氣行周天之法驗也。 當煉氣化神之際，神息俱定於虛空之中，先天眞陽，入我色身，周流一匝畢後，因主人翁定在外面，色身已如空屋，隨卽出色身而來至虛空，抱我主人翁，因神定而隨定，神氣同定，久則氣盡化神，唯一威光，烜赫虛空，是卽胎圓之證也； 入此大圓寂照之門，以性空三昧，圓融六大，六大法性，與我性平等無二，自他不隔，物我一如，於是能入水火，透金石，起種種不思議神用，皆神行周天之法驗也。 是則約「氣行」、「神行」，而有小大周天之別。 小周天者，煉精化氣之三昧也； 大周天者，煉氣化神之三昧也。 此一說也。

其二，約小還、大還而分小周、大周，是同一氣行，而復有小大周天之別也。何言之？當小還之時，身內是坎離，工夫到虛極靜篤，外感先天純陽眞炁，入我色身，補足我破體後之損耗，是以我純陰，感彼純陽，純陽眞炁到時，渾身俱感蘇軟麻木跳動，能周身蘇麻一次，卽眞炁薰蒸一次，卽行一次小周天； 如是漸採漸集，氣足止火，復成童體，斯時離宮填滿，身内已成乾象，純乎先天，再以我乾陽，感彼虛空中乾陽，身内先天與身外先天，彼此凝集，是合内外兩重眞陽而成大還，工夫到此，定力已達兩三小時以上，能寂定一次，感召身外乾陽，與我身中乾陽相會合，卽為行一次大周天，直至大丹告成。此小、大周天，約「小還」、「大還」而得名也。小周天者，從後天反先天時所用也；大周天者，從先天反出先天之先天時所用也。同一寂定，同一氣行，工夫淺深不同，色身效驗，亦有區別。小周天僅能易髮，大周天能易齒易血，乃至易骨易髓易瞳，嶄然一新，所謂「我猶昔人非昔人」也。小周天乃安樂延年之法，大周天乃超凡入聖之功；小周天僅息住而脈未必住，大周天乃息住而兼脈住。此皆淺深不同之點也。

其三，約小、大天地而分小周、大周。人身乃一小天地，身外虛空是大天地。修士做到恍惚杳冥，虛無混沌，定久陽生，陽氣衝開百脈，元和内運，上至頂而下至踵，一氣周流，始卒若環，此就人身之小天地而言，故云小周天；倘恍惚杳冥，虛而又虛，渾身酥軟麻木跳躍，卽渾身八萬四千毛孔，俱受外面乾陽鑽入，斯時虛極靜篤，妙合太虛，色身已成眞空，一任太虛中乾陽眞炁，横衝直撞，徹内徹外，透頂透底，通行無礙，此就合乎太虛之大天地而言，謂之大周天。是故由前之說，學者先行小周天，然後行大周天；由後之說，學者先行大周天，再行小周天，小周天之後，再行大周天，卽了事矣。

以此三說，皆屬言理，其實工夫一到大定，外則乾坤會合，內則坎離交媾，小周大周，同時進行，所謂「內藥還同外藥，內通外亦須通」也。崔公入藥境但云「先天炁，後天氣；得之者，常似醉」，不標大小周天之名，而實際則大小周天，均已包括在內，最為簡當。學者宜注意焉。

訣曰：「心息妙合，抱德煬和；眞炁薰蒸，養性延命。重立胞胎，再造乾坤；玄宗修證，唯斯為勝。」

學道利益

宋儒周茂叔通書云「天地間至尊者道，至貴者德，至難得者人。人而至難得者，道德有於其身而已矣」；老子曰「故立天子，置三公，雖有拱璧以先駟馬，不如坐進此道」；文殊大士云「若人靜坐一須臾，勝造恒沙七寶塔；寶塔畢竟化為塵，一念靜心成正覺」。

蓋一切有為，轉眼卽空，皆屬無常，惟學道能出五蘊，超五濁，超三界，了生死輪迴之苦，永劫享無為眞淨之藥，非世上一切榮華可比。卽就初學而言，身心恬愉，亦能調劑生活，減少病苦，歇塵勞，除宿疾工夫一到靜定陽生，一切宿疾，不療自愈，省醫藥之資，節衣食之費；　氣滿不思食，過大周天後，每餐不過一小杯；　又氣足不怕冷，孟師兄平時須穿皮褲三條，行功後減去兩條，只穿一條；　得安樂延年之效，清涼恬澹、無為瀟灑之樂。

若言富，則眞氣充盈，法財廣大；　若言貴，則棄人爵而修天爵，自性解脫，得入聖位，趣極果；　若言壽，則三還九返，得意生身，天地壞時渠不壞，壽莫大焉，故稱無量壽。如是修道之士，雖不求富貴長壽，而一切福份，超乎常人遠矣。我人既知有生之必有死，胡不及早修持為未雨綢繆之計乎？

晚近以來，世界人口日增，物價愈昂，生活愈艱，自非向虛空發展，利用空中眞陽，調劑衣食，減少病苦，實難覓適當救濟之法。　虛空無量，一息尚存，皆可調息凝神，外還內返，故此道不論貧富貴賤，不論賢愚老幼，皆可熏修，隨分獲益。　際此民生凋弊，物質艱難之秋，欲人人得飽暖康寧之福，無病延年之效，捨此心息相依法門，將奚趣哉？

老聖曰：　「夫惟道善貸且成。」貸者何？　假之以先天一炁也。　善貸之主翁，卽是對面虛空一着，我能在虛空中心息相依，而至杳冥恍惚，則此主人，自以先天一炁貸之，使老者壯，凡者聖，密轉密移，其效至神至速，其功至簡至易，夫婦之愚與不肖而能與知與行，豈非一了百當？

三丰眞人云：　「凡人養神養氣之際，神卽為收氣主宰，收得一分氣，便得一分寶，收得十分氣，便得十分寶。氣之貴重，世上凡金凡玉，雖百兩不換一分。」是故玄宗氣化之學，向虛無窟內經綸，空王殿上發展，攝召眞陽，翕聚先天，利用眞一之炁，以點化凡質，變形成仙，最為目前逗機之教，能解現前困苦，永保日後逸樂，人胡不勉而行之哉！

潛虛翁老子玄覽偈云：「百丈灘頭自整綸，桃源不賺問津人；驚他海底驪龍覺，一夜風雷大地春。」

眞空與頑空

眞空與頑空，一有造化，一無造化；一是圓空，一是斷空。

若約工夫而論，眞空乃外呼吸斷絕，神氣同定，息念雙銷，性命合一，至靜極而動，一陽來復之際，則妙有顯焉。此中有無一體，妙竅同玄。悟元子云「一輪明月天心照，半夜雷聲震神洲」，契「眞空不空」之妙也。故眞空乃融有於空，至無而至有，體用一源，微顯無間者也。此中有無盡生機，無窮造化。大通經眞空章云「先天而生，生而無形；後天而存，存而無體；然而無體，未嘗存也，故曰不可思議」，又曰「包含無象體，不掛一絲頭」，又曰「心滅性現，如空無象，湛然圓滿」。西遊之悟空，卽教人體會此「眞空不空」之旨也。

若夫頑空，乃偏靜沉空之類，冥冥昏昏，只遏止念頭不起，心如止水而已，古人比之死水不藏龍，良有以也，是故無造化。

丹法以眞空一着為最貴，此呂祖門下西派相傳之樞要也。是須由無呼吸之定，工夫深入，身心寂然不動，人法雙遣，境智冥合，內外渾忘，成○如此之象。工夫到此，內則己土現前，五行四象自合，坎離自交，而成七返之妙；外則戊土成立，先天一炁，不召而自來，抱我法身，培養我色身，色法兼得利益而成九還之功。外還內返，同時進行，沐浴封固，不待安排。

故三丰翁云「俺只待搬火煉眞空，尋光破鴻濛」，又曰「直到眞空地位，大用現前，龍女獻一寶珠，金光發現，至此方為一得永得」，又曰「了了眞空色相滅，法相長存不落空」，又曰「運起周天三昧火，煅煉眞空返太無」，又曰「金丹煉就了眞空，千年萬載身不動」，是文始派丹訣，注重眞空之證也。

重陽眞人云「虛空返照虛空景，照出眞空空不空」，又云「墓中常有眞空景，悟得空空不作塵」，長春眞人太空歌云「禪為宗，道為祖，打破金木水火土；光明相射含眞空，却笑一二三四五」，沖虛眞人云「空而不空，不空而空，而猶不見空。不見不空，方是空而眞空。悟得眞空實性者，方能調此眞息」，于清風曰「未至眞空，陽神難出」，葆眞子云「惟眞空無我，然後能脱胎神化」，此少陽派北宗相承，以眞空為重之明證也。

紫陽金丹四百字序云「然金丹之生於無也，又不可為頑空，當知此空，乃是眞空，無中不無，乃眞虛無」，石杏林還源篇云「豈知丹訣妙，鎭日玩眞空」，陳翠虛云「旣然圓密了，內外一眞空按此五字洩盡鍾呂丹訣」，白玉蟾云「眞空平等硃砂鼎，虛澈靈通偃月爐」，龍眉子云「有為一切皆非實，悟取眞源空不空」，此少陽派南宗相承，亦以眞空為重之明證也。

東祖潛虛著南華副墨，純示眞空妙諦。昔汪師示入室弟子，亦以眞空為最重要，謂為丹法之玄樞，返還之妙鍵，成眞之軌躅，了道之南針。

然歷觀古今丹書，言龍虎鉛汞者，觸目皆是，而揭示眞空者，反寥若晨星，何哉？洞山禪師云「體合眞空非煅煉」，萬回和尚云「眞空不壞靈智性，妙用常恒無作功」。莊子之天門，出無本，入無竅，有實而無乎處，有長而無乎本剽，亦示眞空義也。體合眞空，乃禪玄兩家不二之門，故陳泥丸云「返本還源為眞空」，呂祖云「眞空物外情」。

卽以五家祖書而論，一到眞空，則妙竅同玄，有無一體，卽得道德經之綱領；一到眞空，則宇宙在乎手，萬化生乎身，卽得陰符經之機用；一到眞空，則三家自然相見，四象自然會合，五行自然攢簇，卽得參同契之符璽；一到眞空，則眞性自然透露，妄惑自然銷鎔，卽登悟眞篇之堂奧；一到眞空，以寂而感，先天眞陽，不召而自來，犁鋤不費力，大地皆黃金，即開入藥境之寶藏。五家祖書，但眞空一印印之，無弗契者，誠為丹道之秘鍵，入聖之爐鞴也已。

戊土與己土

或問曰：「丹家有戊土、己土之說，煉戊土者得坎月之鉛，煉己土者得離日之汞，戊己合而成刀圭，則坎離龍虎四象交加而結丹矣。然此乃約理而論，究竟工夫上戊土與己土如何區別，請明以告我。」

答曰：予昔聞諸汪師，丹道最要，乃得眞空一着。果到大定眞空境界，戊己二土自然和合，不煩安排。若分別言之，則證內空時得己土，中央虛靜，一念不起，一意不動，五行四象自合，是為內藥，為七返；證外空時得戊土，先天一炁自來，是為外藥，為九還。先天一炁，號稱眞種，種子必得眞土，方能發育。丹道亦然，必到眞空〇現前時，我有此眞土，方能納受外來眞種，而得重立胞胎、再造乾坤之妙。此戊己二土，所以即內外玄關、內外爐鼎、內外黃婆，而成七返九還之功也。紫陽悟眞篇云：「內藥還同外藥，內通外亦須通。」須知一到眞空，則內外二藥皆通，一切丹法自然成就，故稱至簡至易之妙道也。

予嘗謂，古仙丹法，但參呂祖名號法象，已能窺其涯畧。呂祖名嵒，字洞賓，號純陽，自稱回翁，又稱吾山道人。純陽指先天法身，身外虛空一着；洞賓指後天色身，四大假合，乃空洞中之賓人也。虛空純乾乃是主人，所謂他為主我為賓是也。但工夫一到大定，內外皆空，以皆空故，內外冥合，色身法身，涉入交參，非一非異，成⊙如是之象，此呂祖所以自號回翁也。三字訣云「口對口，竅對竅」，此正指內空外空，「呂」字之象也；若內外合一，戊己交融，呈「回」字之象也；易象艮為山，山者止也，身心寂不動也，工夫一到大定，身心不動，則東三南二、北一西四，交加於戊己之宮，斯即五口一山之密意也，「嵒」字之象，謂身心意屹然如山之不動也，三家相見而結胎也。淵乎微矣。

性命圭旨云：「攝三歸一，在乎虛靜。虛其心則神與性合，靜其身則精與情寂，意大定則三元混一。情合性謂之金木併，精合神謂之水火交，意大定謂之五行全。然而精化為炁者，由身之不動也；炁化為神者，由心之不動也；神化為虛者，由意之不動也。」此段釋「嵒」字法象正合，不失為尹眞人高弟。

總之，西派丹訣，以大定眞空為之基。未到此境，則內藥外藥皆不能通，戊土己土皆不能現，而水火金木，五行四象，亦無從攢簇矣。

小還與大還

參同契云：「金來歸性初，乃得稱還丹。」然近代丹家，復有小還丹與大還丹之分。海山仙跡載華陽隱士李奇得小還丹，年數百歲，容貌不衰。呂祖遊句容過之，教為再煉金液大還，翁大喜受教。呂祖云「再安爐，重立鼎，跨虎乘龍離凡境」，此正指大還言也。究竟小還與大還，分別之點何在，自來著家立說，亦紛紛不一。茲依師傳而剖示其義曰：

我人自破體以來，乃後天坎離用事，學者由心息相依，做到凡息斷絕，身心大定，內外虛寂，感彼先天一炁，自虛無中來，而行採取之功，是以我純陰，感彼乾陽，由後天反到先天。工夫做一次，先天眞陽進來一次，由外而還到我身，故契云「金來歸性初，乃得稱還丹」也。工夫愈進，眞陽愈集，直至氣足止火，結成還丹，謂之小還。小還者，初還也，以陰而感陽也，易經泰卦「小往大來」之旨，卽符此也。此部工夫，丹書謂之「取坎填離」。

及乎離宮填滿，復成乾體，丹書謂之「還童」。還童之後，內係純乾，再入三昧正定，以我乾陽，感彼先天乾陽眞乙之炁，合內外兩重先天而成丹，謂之大還丹，卽七日過大周天採得之大藥也。大還者，重乾☰之象。呂祖得大還詩曰「修修修得到乾乾，方是人間一醉仙」，可以證也。易曰：「終日乾乾，反復道也。」「乾乾」之象，大還之秘旨也；反復者，由後天反出先天，復由先天反出先天之先天。必到重乾之地，而後六龍之變化全，斯可以統天御天矣。

是故丹法初以後天感先天，所得之藥謂之小藥，所結之丹謂之小還，所行之周天謂之小周天；復以我先天純陽，合內外兩重先天，所得之藥謂之大藥，所結之丹謂之大還，所行之周天謂大周天也。

雖有小大之分，工夫進行原不外乎心息相依，做到眞空大定，小周天在定中行，大周天亦定中行，小還丹在定中結，大還丹亦在定中結，特定有深淺，故所得亦不同耳。

知和與知常

丹法之要，在一「和」字。中庸曰「和也者，天下之達道也」；莊子曰「將我守其一，以處其和」，又曰「和者大同於物（仙道月報編者按此句似見列子）」；老子曰「知和曰常，知常曰明」，又曰「萬物負陰而抱陽，沖氣以為和」；潛虛翁曰「精和交至，赤子之德，含德之厚者，亦復如是，故常抱元守一，專氣致柔，使吾沖和之氣，與天地相為流通，則性眞全，命蒂固，而眞常不變之道在我矣，非明於大道者孰能之哉！ 故知和曰常，知常曰明」。

予謂，和者心息相依，以我身之和，合天地之和，我與天地合一，天地之和卽我之和，是故與天地合其德也； 心息一依則神氣兩靜，由靜而定，定久湛寂，是云復命，老子曰「復命曰常」，蓋性定之謂也； 定極生明，根塵交徹，境智融通，故曰知常曰明。「和」也，「常」也，「明」也，卽三而一也，然工夫自有次第，非可躐等也。

參同契曰「和則隨從」，又曰「不寒不暑，進退合時，各得其和，俱吐證符」； 潛虛翁曰「『和』之一字，最為肯綮」，又曰「藥生曰符，藥成曰證，皆自和氣而生。 契云『和則隨從，路平不邪』，廣成子告黃帝云『吾守其一而處其和』。 今夫仙翁法象日月，平調水火，而以『和』之一字終之，淵乎微哉」。

予按：「和」字乃日月和合之象，故始終以和為用。 心息合一，和也； 坎離交併，和也。 翠虛翁云「精神冥合氣歸時，骨肉融和都不知」，心印經云「太和充溢，骨散寒瓊」，「和」之妙用可見矣。

養己與煉己

己者，性也。養己卽存心養性，煉己卽修心煉性。工夫雖同，然養己如培栽花木，日益增長，煉己如用火煆金，愈煉愈淨，其義不無差別。潛虛云「養之與煉，亦當有辨」，上陽子曰「寶精裕氣，養己也；對境忘情，煉己也。養己則主於靜，煉己則兼乎動矣」。是故片塵不染，萬慮皆空，常靜而常應，處動而恒寂者，煉己之功也；氣滿神全，早復早積者，養己之效也。若會而通之，工夫總不外心息相依。依到大定，養己在此，煉己亦在此矣。

或問曰：「以定養己，合於參同契『內以養己，安靜虛無』之說，其義易曉。至云以定煉己，得毋背於潛虛兼動之旨，其義難明，君能再為剖示乎？」答曰：「神息兩定之際，斯時內外皆空，以內外空寂故，感彼先天眞陽，到達我身，眞炁薰蒸營衛，一如草木之得甘霖，使我自心日健，斯所謂養己也；然我雖以空寂感彼先天眞陽到身，渾身酥軟麻木，起種種色陰變化，而我仍寂然不動，與不覺一般，卽感而遂通，如火煉金，金不變色，愈益精明，豈非煉己乎？復次，以大定故，識神漸伏，元神漸顯，習氣漸銷，塵勞漸歇，古人所謂心死則神活，豈非煉己之謂乎？潛虛翁雖有『煉己兼動』之說，其實煉己之要，端在動而無動，蓋靜極而動。動者氣動也，氣一動，神卽一覺。覺而外馳，則神氣分離，先天立變後天；覺而不外馳，依然定在外面，則神氣不分，送歸土釜牢封固矣。故知養己煉己，不離一『定』字。定者寂感不二，丹道之所以成始而成終者也。易所謂：『始萬物終萬物者，莫盛乎艮也艮乃寂止，卽定也』。」

問曰：「然則養己煉己，亦有先後乎？有交相為用之意乎？」答曰：「養己煉己，實互相資，雖無先後，亦不妨說有先後。何言之？養己之要，固賴先天眞陽培育，使我元氣日充，元神日旺。然先天眞陽進來一分，後天陰氣卽銷滅一分，陰氣銷滅一分，則妄想慾念減少一分此種慾念，全係陰氣作祟。是以眞陽愈充足，心地愈純淨，工夫深進，習氣知見愈化，妄想愈少，乃至對境如如，一塵不染，萬慮皆空。是皆由先天眞陽，銷滅意地妄感所致。煉己有資於養己也，彰彰明矣。妄感旣日銷月化，中央己土愈淨，身心愈寂，定力愈增，外來眞陽，愈感愈多，直至氣足止火，還丹結矣。是養己有資於煉己，亦無庸疑矣。故煉與養，乃交相資也。古人雖有靜中養、動中煉之說，乃約動定對待而言。若動定合一，則寂而常感，感而常寂，卽煉卽養，工夫一貫進行，實無可分，亦不必分，故云不離一『定』字也。」

金丹之道，古代稱之曰「學混沌」，老子但云「守中抱一」，莊子但云「守一處和」，無所謂養己與煉己也。西漢崔希範眞人著入藥鏡，通篇八十二句，二百四十六字，包括丹道靡遺，亦無養己煉己之說。曰：「然則此等名詞，起於何時乎？」答曰：「東漢魏伯陽眞人著參同契有云『內以養己，安靜虛無；原本隱明，內照形軀』，此養己之名所由昉也。至煉己之名，唐宋以後，方見於書。純陽眞人沁園春詞云『七返還丹，在人須煉己待時』，三丰翁一枝花詞云『時時降意馬，刻刻銷心猿，晝夜不眠，煉己功無間』。至明潛虛眞人著金丹就正篇，乃切示煉己之要。」

余謂丹道本屬簡易，得心息相依之偶諧三昧者，但以眞水養己，眞火煉己，無餘蘊矣。眞水者，性水眞空，性空眞水也；眞火者，性火眞空，性空眞火也。工夫一到眞淨眞空，煉養俱攝，妙竅同玄，一以貫之矣。

內藥與外藥

悟眞篇西江月詞云：「內藥還同外藥，內通外亦須通；丹頭和合類相同，溫養兩般作用。內有天然眞火，爐中赫赫長紅；外爐增減要勤功，絕妙無過眞種。」此內外藥之名所由立也。註家紛紛立說，初學益茫無適從，茲特畧申其義曰：

内藥内通，乃七返邊事，色身之内，一陽來復，所謂坎離龍虎交是也。是因色身身心俱靜，又感外來眞陽之炁，而發生冬至一陽生，時覺陽炁上沖坎中眞陽上翻，心液下降離中眞陰下降，水火金木四象會合，五行攢簇，三家身心意也相見，謂之内藥。宜也。

外藥外通，卽虛極靜篤之際，先天一炁，自虛無中來，以我眞空，感彼妙有，丹書謂之乾坤子午交，乃九還邊事也。色身之内，無作無為之自然，名曰性理，故云「内有天然眞火，爐中赫赫長紅」，此爐指内爐言也。至若外邊虛空一着，心息相依，由文火轉武火，武火轉文火，進退不失其時，動靜不失其序，方得黃裳元吉之兆，其中火候變化，失之毫釐，差兮千里，故云「外爐增減要勤功」也，是乃有作有為之自然，名曰命功，卽妙有之玄機也。

眞種者，先天一炁之謂也。先天祖炁，資生萬化，猶如植物之種子。丹家借此設喻，亦是象言耳。工夫不外心息相依，一到大定眞空之境，内外二藥俱通，外則九還，先天一炁自來；内則七返，五行四象自合，三家自然相見，水火自然既濟，一切法驗，不召而自來，不求而自至，有水到渠成之妙。故參同契云「自然之所為兮，非有邪偽道」，入藥鏡云「但至誠，法自然」是也。

訣曰：「内藥内通，無作無為之自然；外藥外通，有作有為之自然。丹法之妙，在於無為而無不為，合眞空妙有，内外和融之道妙也。」

睡最適

王陽明詩曰「掃石焚香任意眠，醒來時有客談玄；松風不用蒲葵扇，坐對青崖百丈泉。古洞幽深絕世人，石床風細不生塵；日長一覺羲王睡，又見峯頭上月輪」；李道純滿江紅詞云「好睡家風，別有箇，睡眠三昧。但睡裏心誠，睡中澄意。睡法既能知旨趣，便於睡裏調神氣。這睡功消息睡安禪，少人會」；昔陶淵明，北窗高臥，自謂羲皇上人；孔子曰「飯疏食飲水，曲肱而枕之，樂亦在其中」。蓋行住坐臥四威儀，惟睡眠最為安適。當精神疲乏、工作勞頓之際，偃臥一榻，栩然睡去，一覺醒來，如遊華胥，神恬氣暢，身心安逸，蓋得益於睡中靜養之功者深矣。人生百歲，日作夜歇，全賴睡眠調劑生活，恢復精神，何況玄宗學者，因心息相依而睡着，睡中心息依然合一乎？

凡初做心息相依，若能勿忘勿助，綿綿若存，片刻之久，卽能睡着。一覺醒來，百骸舒適，精神和煦，其妙有難以形容者，正與黃帝神遊華胥、莊子逍遥於無何有之鄉，同其受用。

若工夫稍進，自然由睡着而轉為入定。睡為定之嚆矢，定從睡中產生。初學有睡無定，久習有定無睡。是故初下手之人，能睡着卽是效驗，能自然速睡尤妙，此睡眠三昧之境界，與常人昏睡情形迥不同也。禪客坐禪，惟恐其睡，玄宗心息相依，惟恐其不睡。妙哉！此睡眠三昧乃初學入手之通途，大定眞定之前導也！

五代時陳希夷老祖，高卧華山，嘗一睡數月不起，後竟於睡中得道。希夷睡訣共三十二字，名「蟄龍法」，卽心息相依之工夫，不過在睡中修之，華嚴經十種卧中所謂「禪定卧」與「三昧卧」是也。離世間品云：「菩薩摩訶薩，有十種卧。何等為十？所謂寂靜卧，身心澹泊故；禪定卧，如理修行故；三昧卧，身心柔軟故；梵天卧，不惱自他故；善業卧，於後不悔故；正信卧，不可傾動故；正道卧，善友開覺故；妙願卧，善巧回向故；一切事畢卧，所作成辦故；捨諸功用卧，一切習慣故。是為十。若諸菩薩安住此法，則得如來無上大法卧，悉能開悟一切眾生。」

按：睡中身心不動，如入禪定，謂之禪定卧；若禪定之中，天地眞陽入我體軀，如甘露徧空，醍醐灌頂，周身酥軟美快，和暢如春，酣融似醉，謂之三昧卧，經所謂「身心柔軟」，蓋指此景言也。孔聖曲肱而枕，樂在其中，亦是三昧卧之境界，易所謂「黃中通理，正位居體，美在其中，而暢於四肢」是也。神仙拾遺傳載：「夏侯隱登山渡水，每閉目美睡，同行者聞其鼻鼾之聲而步不蹉跌，時號睡仙」，此蓋與希夷老祖同修睡眠三昧者。孔子云

「德不孤，必有鄰」，不綦然乎？

儒仙邵康節林下吟云「老來軀體素温存，安樂窩中別有春； 萬事去心閒偃仰，四肢由我任舒伸」，又詩云「夜入安樂窩，晨興飲太和； 窮神知道泰，素養得天多」，是邵子深得睡眠三昧也； 白玉蟾仙師曰「一味逍遥不管天，日高丈五尚閒眠」，又曰「白雲深處學陳摶，一枕清風天地寬」，又曰「自從踏進涅槃門，一枕清風幾萬年」，是白祖所作成辦，得「一切事畢臥」之妙境也。 涅槃寂靜之門，正是如來無上大法臥，到此大休大息，捨諸功用矣。

王陽明詩曰：「人間白日醒猶睡，老子山中睡却醒； 醒睡兩非還兩是，溪雲漠漠水泠泠。」

附： 呂祖大覺歌

鼾鼾睡，鼾鼾睡，塵世之中人人醉； 醉裏不知天地寬，昏昏醒醒只不遂。 黃金纍纍腰下繫，猶說當前不如意； 戰名爭利何日既，勞苦終身難自計。 我在深山整日寐，那管人間爭戰會； 不强求，不越位，白雲高卧饒滋味。 闉門内外有消息，天南地北無窮戲，只要識得出處義，且去且去，歸到終南還自睡。

附：陳希夷老祖勵睡詩

常人無所重，惟睡乃為重；舉世皆為息，魂離神不動。覺來無所知，貪求心愈動；堪笑塵中人，不知夢是夢。至人本無夢，其夢本游仙；眞人本無睡，睡則浮雲煙。爐裏近為藥，壺中別有天；欲知睡夢裏，人間第一元。

附：希夷老祖睡訣（一名蟄龍法）

龍歸元海，陽潛於陰；人曰蟄龍，我却蟄心。默藏其用，息之深深；白雲高卧，世無知音。

先天養生與後天養生

莊子曰「至道之精，窈窈冥冥；至道之極，昏昏默默」，乃先天養生之旨也。西人講求衛生者，但知光、熱、水、空氣、飲食、運動六則，光線要充足，空氣要流通，水要清潔，食物資養要豐富，人體要多運動，概落後天。不知以我神氣，放到外邊虛空中去涵養，由後天返到先天，眞火薰蒸，熱莫甚焉；慧光內發，虛室生白，光莫大焉；元和內運，三田潤澤，氣莫充焉；禪悅為食，食莫珍焉；醍醐充飲，飲莫淨焉；不動之動，動不離寂，通微無礙，動莫妙焉。

仙道月報編者按　先天屬於精神方面，後天屬於物質方面；先天是在虛無之中而含精微的有，後天是在色相之上而有顯現之質。但精微者不易捉摸，不能與眾共見，只有知其理而得其法者方能享受，所謂「只可自怡悅，不堪持贈君」。顯現者雖盡人可行，共知共見，惟手續麻煩，金錢耗費，必須身體清閒、資產富有之貴族化者，方能辦到。然生老病死仍不能免，不過當時覺得享受之舒適耳。費極大之代價，所得者不過後天過渡之時期，對於精神方面毫無所補。倘此等人能兼知先天養生之理，洞悉陰陽，參透玄妙，而信受奉行者，則誠可謂福慧兩足之人矣。惜乎當世之人，或有福而無慧，或有慧而無福，致無上妙道終難以問津耳。可歎！

易學發隱

易傳曰：「生生之謂易。」生生者，生而無生，有緣起性空之微意存焉。莊子不云乎「生生者不生，殺生者不死」，列子云「生之所生者死矣，而生生者未嘗終」。蓋諸法本不生，以緣起故生，達緣起無生之旨者。一切法本來寂滅，本來常住，本自不動，此寂滅不動之眞性，卽是易之妙體，所謂「寂然不動」是也。隨緣感應卽成易之妙用，所謂「感而遂通」是也。故生生者，無生也，卽色卽空也。世儒作「生生不已，化化不息」解，非也。生生不已乃順化之機，後天而奉天時； 易乃逆數，要原始反終，逆生死流，先天而天勿違。 故知緣起無生之說，乃易經「生生」二字之的旨也。

仙道月報編者按　易傳與莊、列之所謂「生生」者，這兩箇「生」字，其解釋的意義不同。 第一箇「生」字為主，第二箇「生」字為客； 第一箇「生」字為根本，第二箇「生」字為枝葉； 第一箇「生」字為生物之生，第二箇「生」字乃所生之物。 生物之生，乃無形的主宰，無始無終，常靜常應，其實就是道體，亦云無極，故雖生而不生； 所生之物乃物質，物質當不能常存，終須變滅（變滅即是死），故云「生生之所生者死矣」。 是以學道者貴窮其本而索其根，守其第一箇生生之生，而不願第二箇生之所生也。 雖然生生之生，固為可貴，但若無生之所生以相形點綴，則空洞寂滅，生氣全無，亦失其所貴矣。 譬如一箇國家，有君有民，則可知君貴民賤； 若有君無民，賤固不存，貴亦安在？ 故有生之本，復有生之末，常靜而能常應，則生方貴。 若有生之名，而無生之實，能常靜而不能一應，則等於男子陽痿，女子血枯，假使配作夫妻，不能生育兒女。 順行人道，固不能生人，逆行仙道，亦不能成仙矣。 此所以生生之足貴，而不同無生之只落於半邊也。

易道與丹道

（一）

疊日月而成易，標對待之象；　合日月而成丹，揭和合之用，卽心息相依也。參同契首章云：「乾坤者易之門户，眾卦之父母；　坎離匡廓，運轂正軸；　牝牡四卦，以為橐籥。」初三句揭出乾坤坎離、先天後天，乃是對待易道也；　以上「牝牡四卦」兩句，卽是丹道，顯和合之妙用也。然何以不云坎離二卦以為橐籥，而云牝牡四卦？　讀者試體會看。若體會得出，許具隻眼，為東華嫡嗣；　若猶未能，當勤求善知識而決破之，方可下手修煉。凡求師傳道者，最初見面，亦當以此兩句為試金石也。

（二）

丹法日月合璧，乃不二之象也。學者須到不二境界方是妙，到不二境界方入神。中庸曰「其為物不二，則其生物不測」，不測卽神妙莫測也；　又中庸謂「莫見乎隱，莫顯乎微」，是揭微顯不二；　易云「通乎晝夜之道而知」，是揭晝夜不二；　論語云「未知生，焉知死」，是揭生死不二。又如華嚴揭心境不二、依正圓融，心經揭色空不二，皆丹道也。道德經首章開示有無交徹，妙竅同玄，正明此義。然講到工夫，只是心息相依也。是故丹法以心息相依為因，形神俱妙為果。云何形神俱妙？曰：地、水、火、風之四大屬形，識大屬神，卽色法與心法也；俱妙則互攝互入，非一非異，故能境智融通，物我一如，空有雙圓，微顯無間，遠近不隔，古今不代，能起種種不思議神用，卽是不思議無礙解脫也。

（三）

易道雖表示對待之象，亦含有和合之旨。如繫辭傳云：「故水火相逮，雷風不相悖，山澤通氣，然後能變化既成萬物也。」此密示神氣交併、心息相依之修法也。在天地為水火雷風山澤，在人卽為心息，要逮相通不相悖，方有造化，非和合之旨趣耶？

又如隨卦之象䷐，為澤中有雷。澤，水也；雷，火也。雷藏澤中，非神入氣穴與息相隨相依之妙旨耶？故孔子贊易，卽曰：「澤中有雷，隨，君子以嚮晦入宴息。」

又如鼎卦之象䷱，為巽下離上，巽為風而離為火，入藥鏡所謂「起巽風，運坤火」，丹家烹煉結丹之象也按：丹家鼎器之說卽取象鼎卦。故孔子贊易卽曰：「木上有火巽為風象，亦是木象，易經取木火烹飪，丹家取風火烹煉，皆是陶鑄聖賢之象也，鼎，君子以正位凝命。」所謂凝命，卽是結丹也。是易道含有丹道之證也。

復次，丹道亦契易道。如靜極而動，一陽來復，卽契易之復卦䷗；得藥之後，以定養之，動而復靜，卽契易之姤卦䷫； 以我純陰，感彼乾陽，小往而大來，契易之泰卦䷊； 以彼乾陽眞氣，制我己汞，使不能飛颺（眞氣卽坎☵中之陽，靈汞卽離☲中之陰也），舉水以制火，契易之既濟䷾（此卦離下坎上，表水在火上之象），故孔子贊易曰「既濟，定也」； 心息相依，以神入氣穴而就之，是男下女之象，契易之咸卦䷞，故孔子贊易曰「咸，感也，柔上而剛下，二氣感應以相與，止而說（通悅），男下女，是以亨利貞，取女吉也」。 至若丹道周天火候，其恰到好處。如六一卦圓圖，無欠無餘，則謂丹道全契易道，易道全通丹道，亦無不可也。 魏伯陽眞人借易象而發揮丹道作參同契，其旨深矣。

起火與止火

丹法以心息相依為起火，心息兩忘、泰然入定為止火，此乃普通口訣。西派相承，另有三種止火秘訣：

一，煉精時之止火。不知此訣，往往着身，得洩精之變。凡做到陽生而至外陽勃舉，隨卽洩精者，皆由不知止火之故也。

二，煉氣時之止火。不知此訣，往往得洩炁（卽放屁）之變，謂之走丹，前功盡棄。古人如白玉蟾，尚不免此厄，而有「重整釣魚竿，再砍秋筠節」之時，況他人乎？又不知初步止火要訣，雖炁足而不能結丹，結丹後不能養丹而使丹足行大周天，即不能「重安爐，再立鼎，跨虎乘龍離凡境」也。

三，煉神時之止火。若不知此訣，定不能純，心光不圓，不免有滲漏之患，必致退滯小果。古人三種滲漏之說見滲漏、情滲漏、語滲漏及不離寂定而現威儀之說，皆為勘驗性定神全之要旨也。此部止火，最為切緊，否則不能煉性入微，事事無礙。

予昔參汪師四年，師於初步煉精止火，蓋常言之，未嘗秘也。惟末後兩部止火口訣，直至第四年末次謁師時，方始吐露。四年辛勤，自己得來不易，未便率爾直書，願秘而寶之。學者只須知西派相承，實有三部止火要訣，防危慮險，圓證圓超，斯可矣。

庚月與滿月

庚月者，初三之月也；　滿月者，十五之月也。

參同契云「三日出為爽，震庚受西方」，悟眞篇云「月纔天際半輪明，早有龍吟虎嘯聲」，呂祖示潛虛云「雪映冰潭了淨，梅梢新月，始可藥生」，潛虛道德頌云「少女初開北地花，起看庚月一鈎斜」，皆明「庚月」義也；悟眞篇云「八月十五玩蟾輝，正是金精壯盛時」，石杏林云「萬籟風初起，千山月乍圓；急須行政令，便可行周天」，陳翠虛云「月夜望中能採取，天魂地魄結靈丹」，張三丰云「月之圓，存乎口訣」，又云「月圓時，玉蕊生」，此又示「滿月」義也。

潛虛眞人悟眞小序云：「或問：『既言八月十五，又言三日出庚，其義安在？』曰：『十五象金水之炁足，三日象金水之藥新，炁不足則水不生，合而言之，其義自見』」。

涵虛祖云：「陽光新現，初三之夕也；金水充足，十五之夜也。」丹家言初三，又言十五者，初三象金水之氣新，十五象金水之氣足，氣不足則水不生。初三、十五，須在一時看，須作一串想，不可以數算計也。訣曰：學者工夫，一到大定，忘形忘家，則先天之炁，產生必旺，猶如滿月，所謂源清則炁必足也。定中一覺陽生，合自然之符節，而送歸土釜，則陽炁清新，不老而嫩，猶如初三之月。故知庚月與滿月，義實一貫，非相違也。

潛虛翁悟眞小序曰：「或問：『藥嫩何以可用？』曰：『造化之氣，成功者退，將來者進，喻如釀酒，三日之酵，浮而致之，可變千甕。此時氣依雖薄，而生機浡然。若已熟為酒，則不復可用矣。採藥取嫩，意正如此。』」附錄於此，以便參考。

癸前與癸後

悟眞篇云「鉛遇癸生須急採，金逢望遠不堪嘗」，是明癸前採也；三丰玄要篇云「太上道，復重宣，抉破先天與後天；只論鉛生於癸後，不言陽產於癸先」，又云「鉛花現，癸盡時，依舊西園花滿枝」，又云「鉛生癸後陰陽分，正值一弦金水滿，恰似鶯花二月春」，是明癸後採也。

少陽與文始兩派丹訣，似甚乖違，敢問如何會通？海印曰：「予昔聞之汪師，鉛，陽也；癸，陰也。陰極而後陽生，靜極而後復動，故云『只論鉛生於癸後』也。然眞陽始生之時，其氣迅速如電，不能久居於先天，霎時而生癸水，則陽而又陰也，故云『鉛遇癸生須急採，金逢望遠不堪嘗』也。遇癸生而急採，正是於癸水未生時急下手，故悟眞又云『見之不可用，用之不可見；一霎火焰飛，眞人自出現』也。是則癸前癸後，明採取之眞機，各有妙義存乎其間，會而通之，義仍一貫，不相違也。」

玄德與玄同

老聖曰「道之尊，德之貴，夫莫之命，而常自然。夫道生之畜之，長之育之，成之熟之，養之行之，生而不有，為而不恃，長而不宰，是謂玄德」，又曰「玄德深矣廣矣，與物反矣，乃至於大順」；莊子曰「性修反德，德至同於初，同乃虛，虛乃大，合喙鳴，喙鳴合，與天地為合，其合緡緡若愚若昏，是謂玄德，同乎大順」。

釋曰：老莊皆揭玄德，玄德卽道體也，常住眞心之別名也；儒宗稱為明德，亦云天德；佛氏謂之妙德，其義一也。返乎無始，方契玄德；心息相依，至眞空現前，可謂性修反德矣。「為而不恃」等句，形容無心任運、功成弗居之妙。若有己卽有私，有私卽不普，是故契玄德者，普物而無心，順事而無情。譬之鏡光波影，日照風迴，因物付物，而不自居功也。

老聖旣示玄德，又揭玄同。經云：「挫其銳，解其紛，和其光，同其塵，是謂玄同。不可得而親，不可得而疏，不可得而利，不可得而害，不可得而貴，不可得而賤，故為天下貴。」

釋曰：　玄同者，謂旋轉萬流，同入於玄，寄跡雖殊，妙德不二。如華嚴入法界品五十三善知識，各說判別法門，一一銷歸自性，皆獲解脱。解脱同而門庭異，平等中現差別，差別中示平等。故達玄同之用者，能於無差別智中示有差別身，於有差別身中入無差別定，於無差別定中現有差別境，於有差別境中示無差別智，妙入華嚴無障礙解脱之門矣。

又曹山寂禪師立三種墮。玄同之士，能隨處自在，卽是隨墮；　隨類自在，卽是類墮。如陳翠虛仙師，了道之後，肩擔為人箍桶，行歌於市曰：「有漏教無漏，如何水洩通？既然圓密了，内外一眞空」，豈非同於華嚴之鬻香長者與婆施羅船師乎？

仰山掃地次，溈山問：「塵非掃得，空不自生，如何是塵非掃得？」仰掃地一下。溈曰：「如何是空不自生？」仰指自身，又指溈。溈曰：「塵非掃得，空不自生，離此一途，又作麼生？」仰又掃地一下，又指自身，並指溈。

臨濟栽松次，黃蘗曰：「深山裏栽許多松，作甚麼？」濟曰：「一與山門作境致，二與後人作標榜。」道了，將钁頭鋤地三下。蘗曰：「雖然如是，子已吃吾三十棒了也。」濟又鋤地三下，噓一噓，蘗曰：「吾宗到汝，大興於世。」

如是無一法而非玄，卽俗卽眞，旋轉萬流，同入不二之門，妙契無生之旨矣。

玄同之妙有二：　其一乃跡同而用異，其二乃跡異而用同。

如華嚴入法界品五十三善知識，或現比丘、比丘尼身，或現人王居士身，或現仙人外道身，乃至童男童女身，順逆權實境界不同，而秉毗盧法印則一，此所謂跡異而用同也。潛虛眞人謂「吾之同，同於玄，非同於跡」，示此義也。

跡同而用異者，乃和而不流之旨。譬如同一睡覺，同一行坐，同一見聞，同一飲食，有道之人與無道之人，境界懸殊。姑以睡覺論，至人寤寐一如，凡夫神魂顛倒，亂夢如山。又如未做工夫之人，睡中鼻息如雷，神息不相守； 久做工夫之人，一睡則心息相依，鼻息無聲，如入禪定，經稱「三昧臥」者是也。凡夫入聲色場中，被聲色所轉，聖人不爾。此所謂跡同而用異也。

天行

老聖明嬰兒行，莊子揭天行。嬰兒行以精和柔曼，純眞無偽為主，示渾沌之樸未鑿，聖人教人返樸還淳之旨趣也； 天行以虛寂妙明為宗，歸精神乎無始，與大一相渾化，與太虛同體，乃還虛之妙道也。

莊子曰「不明於天者，不純於德」，又曰「與天和者，謂之天樂； 知天樂者，其生也天行，其死也物化；　靜而與陰同德，動而與陽同波」，又曰「安排而去化，乃入於寥天一」，又曰「忘乎物，忘乎天，其名為忘己；　忘己之人，是之謂入於天」，又曰「知謀不用，必歸於天」，又曰「心無天遊，則六鑿相攘」，又曰「虛無恬淡，乃合天德」，又曰「純粹而不雜，靜一而不變，淡而無為，動而以天行，此養神之道也。　純素之道，惟神是守，守而勿失，與神為一，一之精通，合於天倫」，又曰「天德而出寧」，又曰「不離於宗，謂之天人」，又曰「形精不虧，是謂能移，精而又精，反以相天」，又曰「因是因非，因非因是，是以聖人不由，而照之以天」，又曰「始卒若環，莫得其倫，是謂天均。　天均者，天倪也」，又曰「敬之而不喜，侮之而不怒者，唯同乎天和者為然」，又曰「汝入無窮之門，以遊無極之野」，又曰「孰知不言之辯，不道之道，若有能知，此之謂天府，注焉而不滿，酌焉而不竭，而不知其所自來，此之謂葆光」。　以上莊子反覆發揮天行之妙，蓋遊心於淡，合氣於漠，廓然太虛，渾然無跡，無內無外，無幾無時，超乎萬有之表，妙契象帝之先，靜明寂照，恬淡虛無，斯所謂天行也。　莊子云昭曠，云混冥，云參寥，云天門，皆天行之旨趣也；　佛典謂天行乃中道王三昧，有入中機，以天行慈悲應之，如駃馬見鞭影，行大直道，無前無後，不並不別，說無分別法，諸法從本來，常自寂滅相。

予謂天行者，行於虛玄大道，妙契自然，如洞山云「直須心心不觸物，步步無處所，常無間斷始相應」，是天行之意也。莊子又曰「大一通之，大定持之」，此正示天行之指歸。蓋「大一」即性天也，法界也，即不離於宗之宗也。心通於一，謂之明宗，明宗之後，復以大定持之，悟修功純，本體虛空，超乎萬象，普物無情，任運無心，如日照風迴，方契天行之妙道。關尹子曰「彼將處乎不淫之度，而藏乎無端之紀，遊乎萬物之所終始，壹其性，養其氣，合其德，以通乎物之所造」，莊子曰「獨與天地精神往來，而不敖倪於萬物，上與造物者遊，而下與外死生、無終始者為友，其應於化而解於物也。其理不竭，其來不蛻，芒乎昧乎，未之盡者」，是天行之至也。

易傳曰「賁，無色也；隨，無故也」，又曰「天下何思何慮，天下同歸而殊塗，一致而百慮」，天下何思何慮，悟性色眞空，妙契道源，綜合萬化，涵蓋乾坤，此孔聖之天行也；乾之九五曰「飛龍在天，利見大人」，此周公之天行也；詩曰「維天之命，於穆不已，於乎不顯，文王之德之純」，此文王之天行也；心齋坐忘，離形去知，同於大通，此顏子之天行也；至誠無息，博厚高明，悠久無疆，乃至不見而章，不動而變，無為而成，此子思之天行也；性天開朗，體合眞空，曹山云「混然無內外，和融上下平」，洞山云「混然無諱處，此外復何求」，此禪宗之天行也。

又須知天行之「天」，非天地相對之「天」，乃虛玄大道之宗，涅槃天之天、第一義天之天也。洞宗寶鏡三昧云：「天眞而妙，不屬迷悟。」契此天眞之妙道，而起無作妙行，謂之天行。

答友人書五通

其一

清王夢樓一生學佛，至八十以後又學仙，與仙人往來都有詩。來函謂何為老而趨下等語，是義不然。學道在解決老、病、死三種苦難，年至八十，亦已老矣，精神不濟，步履維艱，飲食不暢，耳目失其聰明，髮白面皺，去死不遠矣。當此之時，若有人能解其現前痛苦者，必樂而從之，此人情之常也。夢樓於禪，頗有契心，其與仙人往來，必仙人傳其延年却病之術，調息安神之法，得眞實受用，解其老病之煩悶耳。

佛法固高矣，然談理者多，實證者尚無其人。若謂老病之苦不能解除，而能解決死苦，現生尚不能證聖，死後反能證聖，皆屬自欺欺人。玄宗只貴現前一着，現前能安神和息，得眞實受用，將來可不問自知。是故玄宗如商人辦貨，要現款現購，不用期票，不貴賒賬。今之學佛者，求將來獲益，死後往生，類皆使用期票。然期票到期，能否兑現，實無把握。諺所謂「現錢不要要賒賬」，正契今日一般學佛人之心理也。

君豈未讀最早流入中國而譯出之四十二章經乎？佛問人命在幾間，諸弟子答者，皆不契佛意，最後一人答曰「在呼吸間」，佛方讚歎，稱為知道。是意云何？呼吸於道，有甚相關？須知呼吸所在，卽道之所在也。旣人命在呼吸間，則何不於呼吸未斷之前，安神調息，而免其破產乎？若待呼吸一斷，則現款已用罄，縱有期票，試問至何處兌現乎？奈忍待其破產，斯亦惑矣。

其二

來示謂人命在呼吸間，只喻其速，入息不保出息云云，我兄僅解得一半。若只言其速，世尊當云「善哉，子知時矣」，不當云「善哉，子知道矣」，可知並非為時間問題也。道在呼吸之間，卽教人調息安神之意。蓋息者，心之風相也。息調則心定，息和則心和。凡人動怒之際，心暴則息亦粗；賽跑之頃，心跳加速，則呼吸亦短促；死人無息，心離故也；在定之心亦無息，心寂故也。是故從有息而調至無息，外息絕無出入，則心亦無起滅。心無起滅，息無出入，則大定之象，道之所寄也。

不觀禪宗二十七祖般若多羅尊者答東印度國王之語乎？曰：「貧道出息不隨萬

緣，入息不居蘊界，常轉如是經，百千萬億卷，非但一卷兩卷。」般若尊者以調出入息為轉經，乃轉自身之經，非轉他人之經。神息沖和，綿綿若存，內景淨寂，外景虛融，非出息不隨萬緣、入息不居蘊界之謂乎？老聖所謂「專氣致柔」、「載營魄抱一」之工夫也。轉他人之經，功德固大，轉自己眞息之經，功德尤大；轉有字眞經，功德固超，轉無字眞經，功德尤超。世人捨近而就遠，好高而不務實，一口呼吸尚管不住，遑論其他乎？

今世學佛者千萬，四十二章皆棄而不學，意為淺近。所謂「人命在呼吸間」之的旨，茫然無知，妄想卽身成佛，而成佛之資本，却絲毫無有，是無異於貧無一文之士，而思做永安先施之老闆，豈不可笑？

四十二章經者，學佛之初步階梯也。於呼吸之間安立道場，尤為四十二章經之肯綮也。玄宗黃庭經云「後有密户前生門，出日入月呼吸存」，陳虛白曰「息往息來無間斷，聖胎成就合元初」，許旌陽曰「內交眞氣存呼吸，自然造化返童顏」，李道純云「闔闢應乾坤，斯為玄牝門；自從無出入，三界獨稱尊」，又云「諦觀三教聖人書，息之一字最簡易；若於息上做工夫，為佛為仙不勞力」。鄭和陽云「人生有心必有息，心息相依折不得；逆却息卽妨了心，反令心息自相賊；心息相賊六魔攻，天魂被驅入鬼國；鞠君子，息是自心萬善柢，息順心泰百體舒；大光明藏安如砥，圓活不容纖翳粘，性命純純與天比；釋迦微言非言他，老君道德皆德此；顏子簞瓢樂自在，的見息存不敢懈；縱說萬典與千經，只在心息定境界」，試觀末一句，及「息順心泰百體舒」句，即知四十二章經「道在呼吸間」之意，於一呼一吸之間，安立道場之妙修矣。唯識論雖好，救不了白髮與胃病，不如迴風混合，唯息之簡妙矣。然否？可審思之。

其三

來示謂不再談小乘之四十二章經，而談大乘之楞嚴、華嚴，弟就談楞嚴、華嚴。君豈不見楞嚴二十五聖圓通，有兩位從調出入息而證漏盡，得阿羅漢乎？其一為周梨槃特迦，其言曰「佛問圓通，如我所證，返息循空，斯為第一」；其一為孫陀羅難陀，其言曰「佛問圓通，我以銷息，息久發明，明圓滅漏，斯為第一」。所謂「反息循空」者，外息斷絕，氣盡化神，神光照耀也；復次，楞嚴十住位中，所謂「身心合成，日益增長」，是心息相依結聖胎也。既遊道胎，親奉覺胤，如胎已成，人相不缺。又云「十身靈相，一時具足」，又曰「形成出胎，親為佛子，名法王子住」，是道胎圓成，眞人出現也。世人只知楞嚴貶斥十種仙，不知十種仙乃地仙之流，乃仙之小乘。仙之大乘，柱下一脈相傳，契楞嚴之十住位，此中玄奧，得眞傳者自知之。大乘經中，妙契玄宗調息結胎、養胎出胎之旨者，無有如楞嚴者也。

台宗教觀，謂一生只能登圓初住位，而玄宗修證，一生實能登十住位。上根人則證得十住之後，一超而入等妙二覺。蓋十住位盡，已得法身，壽命無量，可以優游辦道。最難者，由凡夫而入住也。云何入住，住謂常住，若死則不名常住矣。常住即長生，謂命常住，性亦常住也。

楞嚴且置，再談華嚴離世間品說十種自在，其一曰命自在，於不可說劫住持壽命，豈非佛長生乎？又不見入法界品，善財參大幢比立，見其離出入息無別思覺，入大寂定，一定六月又六日，方出定乎？所謂「離出入息，無別思覺」，正如玄宗「息念雙亡，身心兩定」時也。壺子所謂：「太沖莫朕。」太沖者，虛寂之家也；莫朕者，無朕兆可窺，如羚羊掛角，涉無蹤跡可尋也。此大三昧者，海幢比丘得之，玄宗之善知識亦得之。若定中心住而息不住者，乃相似寂滅，非眞寂滅也。此等人入定時，若窒其呼吸，即定不住矣。故無呼吸之定，方為眞定；有呼吸之定，並不值錢，死水不藏龍，豈能「十身靈相，一時具足，形成出胎，親為佛子」乎哉？

復次，入法界品善財第五十參，見德生童子、有德童女，所居之城曰妙意華門，所說法門曰幻住解脫，亦是心息相依，偶諧三昧之密意也。試觀善財以前所見諸善知識，皆單獨一人，此則成偶，非一陰一陽之表示、心息諧合之法象而何？童男童女，同住同行，約修道在果位以定慧為偶諧，在因位以心息為偶諧。妙字亦是象也，一陰一陽也。曰妙意華門者，亦猶老氏之眾妙門、玄牝門也。當心息皆合之際，有兩相知之微意；當靜定陽生之際，時至神知，如子識母，妙不容言，非妙意乎？心與息相隨，鸞鳳和諧，天然夫婦，而男不寬衣，女不解帶，敬如神明，愛如赤子，非幻住乎？故云幻住解脫，直至大定眞定，無去無來，不出不入，內外兩忘，身心俱寂，空寂無依，是謂無住。由幻住而達無住，玄修之功備矣。

經又云：「時童子童女說自解脱已，以不思議諸善根力，令善財身柔軟光澤。」繹曰：所謂柔軟，卽由心息相依，至周身酥軟之景也。白紫清曰「堨爾行持三兩日，天地日月軟如綿」，此眞效也。光澤，乃元陽光氣之發乎肌膚，見於外表之謂也。黃庭經云「體生光華氣香蘭」，鍾離翁云「玉膏流潤生光明」，同此意也。此第五十參之象，甚契玄宗的旨，但自來疏華嚴者，均言性理，以童男童女表定慧，而因地凡夫，實無定慧，將如何下手進修乎？妙意華門城，亦人人有之，經師指破玄關一竅，自然知也。此種深密之表象，外人固未易與言，故二十年來，弟亦從未揭示，恐生謗故。茲為我兄言之，庶幾別有乾坤，壺中日月，幻信解脱，眞有不可思議之神效矣。

其四

來函云：「仙貴長生，佛貴無生。」須知無生，只是不着生相，非謂如枯木寒灰，毫無生氣。若果如枯木寒灰，卽落空亡之外道，非佛氏不生不滅之的旨也。

老子曰「天地之所以長且久者，以其不自生，故能長生」，所謂不自生者，卽不執着生，直生而無生也；永嘉證道歌云「誰無念，誰無生，着實無生無不生」，此謂苟證無生之理，則亦無死，乃無生而無不生也。是則老氏之長生，非落常見；佛氏之無生，亦非落斷見。無生而生，佛也；生而無生，仙也。奚可打成兩橛，而分優劣耶？知乎此，卽知無佛而不仙，無仙而不佛，眞無生卽得眞長生，眞長生卽妙契眞無生，仙佛兩宗，至此藩籬盡撤矣。

今之釋氏門徒，一聞長生，則斥為外道，非佛本旨。不知佛為執着命元、情見未破者示以無生，若情見已破，正好示以長生。法華開權顯實，華嚴情量破盡，皆示命自在之秘旨。

最後說涅槃，則云入大涅槃，不老不死，與東土黃老，心心相印，奚可泥執一邊，以無生歸佛、長生歸老，尊視無生而藐視長生乎？須知無生長生，不過折攝門庭不同而已。

其五

楞嚴、華嚴，固已仙佛交參矣，然尤妙者，當推大涅槃迦葉問佛「云何得長壽，金剛不壞身；復以何因緣，得大堅固力」，是公然問長生矣。

四相品云：「譬如陶師，作已還破，解脱不爾，眞解脱者，不生不滅，是故解脱卽是如來。如來亦爾，不生不滅，不老不死，不破不壞，非有為法，以是義故，名曰如來，入大涅槃，不老不死。有何等義？老者名曰遷變，髮白面皺，身壞命終，如是等法，解脱中無，以無是事，故名解脱。如來亦無髮白面皺有為之法，是故如來無有老也。無有老故，則無有死。又解脱者，名曰無病，所謂病者，四百四病，及餘外來侵損身者，是處無故，故名解脱。無疾病者，卽眞解脱；眞解脱者，卽是如來。如來無病，是故法身亦無有病。如是無病，卽是如來。死者名曰身壞命終，是處無死，卽是甘露。是甘露者，卽眞解脱，眞解脱者，卽是如來。如來成就如是功德，云何當言如來無常？若言無常，無有是處，是金剛身，云無何常，是故如來不名命終。」

此節如來廣示得眞解脱者，不生不滅，不破不壞，不老不死，無有髮白面皺等醜態，無有疾病，與仙長生無二無別，可稱仙佛沆瀣一氣，水乳交融者矣。奈何今之學佛者，高自標榜，藐視仙宗，目為外道，斥為七趣，而自身疾病之來，既不能免，髮白面皺等遷變，亦不能免，與俗人初無有別。大涅槃之為何？眞解脱之為何？甘露之妙，更不必談矣。須知世尊滅後，得大涅槃不老不死之旨趣者，却在玄宗。故王文治廣參佛乘，年逾八十，幡然歸道而從仙人遊也。

附篇一：與海印山人書

志眞

海印先生惠鑒：

仙道月報屢蒙寵賜鴻文，增光篇幅，學道同仁，受惠良多，曷勝感佩。並悉先生早歲遇師，得聞西派一貫相承之妙訣，而對於道佛兩家經典，又復爛熟於胸中，想見下筆為文則信手拈來，不假安排思索，自然一氣呵成。而且新舊貫通，言皆妙諦，仙佛一致，語不支離，既文既博，亦玄亦史。

所著玄談集，論心息相依在外之旨，頗合古仙眞空煉形之妙。而引經據典，自成一家，反覆辯論，洋洋數十萬言，若決江河，沛乎莫之能禦。誦左思之賦，士衡寒心；吟崔灝之詩，太白斂手。吾黨欽遲已久，景慕匪暫，每欲肅布數行，一罄衷曲，又恐無當大雅，徒費煩辭，是以遷延迄此，未獲一致拳拳。

竊思先生智慧超倫，認道眞切，更兼博極羣書，又復乘戒俱急，言行一貫，信願雙弘，在吾道中堪稱絕無僅有者。顧處此五濁惡世之內，又正值萬方多難之時，若僕等亦志在立卽離塵，求還丹於金液，無奈為事境所迫，尚未獲積極進行，遂致招「扶梯頻響，人不下樓」之譏。雖操存由己，毀譽由人，無須過計，然而河清何日，人壽有期。卽如東亭尊師，亦抱今生未能大成之憾，若無天秩翁最後之來，則恐投胎奪舍，亦難保證。植青蓮於火裏，豈眞易事耶？殷鑒匪遥，私衷能無憂懼？

先生大隱吴門，寄情翰墨，藉文字般若之緣，作宏法利生之舉，不願簽期票於異日，但願兑現款於當前，正與僕等之旨相吻合。而所論持齋戒殺之理，有關乎仁慈忠恕之德，亦與鄙衷相冥契。安士先生萬善先資，其筆墨殊足動人，先生因之而持齋，僕亦由是而茹素；月有餘錢，則購而放生，先生如是，僕亦如是。豈眞「德不孤，必有鄰」？否則何其不謀而暗合哉！

僕今不揣冒昧，敢奉詢尊況何如？有否俗累？若欲積極實行，法財侶地四者，可完全具足？或者雖能具足，而暫時不願離家，姑先隨緣立功立德立言，以符古人之所謂三不朽事業，在仙則效三千八百，在佛則為六度萬行？或者云此亦不過為人間遊戲，虛與委蛇，其志則在顏子之三月不違，莊生之九日見獨？然三月不違，終不過為地下修文；

九日見獨，亦未免是空中樓閣。若以神仙家立場而論，似終損黃帝之乘龍、旌陽之拔宅也。或先生別有會心，見解不盡與僕等相同，則先生之行藏，固亦非僕等所能測識。然因忝為一道，故敢妄附相知，倘荷不棄，請將現在之情形，及未來之希望，並願否合作同參，或預備單獨行動，祈約畧示知。

至於證道之程度，但求精神之不死不生，能離形去智，同於大通，而不以四大假合之身為意乎？抑願性命雙修，身心並重，二者合而為一，以求形神俱妙乎？抑無適無莫，惟視將來之因緣，而定進前之趨向，能形神俱妙固善，否則棄其大患之身，先了虛靈之性，亦未嘗不可。今則未能預定，且亦不先設成見也。

以上三者，在僕則為他人有心。予忖度之，而於尊意云何，究須夫子自道，俾觀同志之中，有否小異之點，或竟同心同德同見同情，一同而無所不同，覓異而了不得異乎？此諸數點，均為僕之所願聞者。

顧有一點，卽先生所論心息相依在外之旨，其見解誠超越恒谿，惟言之確鑿，似乎捨此一法，餘皆不然，則未免異於前哲。卽涵虛先生道竅談中所論神息妙用、氣息妙用等，亦未嘗執定在外，而先生則非外不可。雖此理合乎外身身存、眞空煉形之旨，而只此一乘，餘二非眞，似乎稍欠圓融。今不揣固陋，敢以管蠡之見，就正高明。雖慚弄斧班門，多見其不知量，然而抛磚引玉，竊願其不徒勞。鄙見如左，幸賜裁成。

（一）心之於身，猶人之於室也； 心之與息，猶人之與財也。 心常依息，無息則心無所寄，將被迫而離身矣； 人常依財，無財則人不能存，將為道旁之餓莩矣。 心能依息，而又能善用其息，則息上加息，利中生利； 不善用者，則反是。 人之用財也亦然。

今心息相依在外者，猶人出外營業也； 相依在內者，猶人在家開張也。 夫出外營業與在家開張，苟能如端木之理財，皆可獲陶朱之富有，因其能相機行事，因地制宜耳。 若用不識事務之外行經理，則無論其在內在外，皆須破產。 學道之人，若認理不清，智慧欠缺，則決不能神而明之，臨機應變。 相依在外則浮游而無根，相依在內則執着而不化，譬如揮金如土之浪子，與一錢若命之財奴，兩者皆無是處也。

（二）心卽神也，息卽氣也； 心為火也，息為風也。 心息之依於內，卽心定息調，神寧氣靜，是元和內運，非呼吸外求，火則為文火而非烈火，風亦非狂風而為薰風也； 心息依於外者，卽「內藥還同外藥，內通外亦須通，外爐增減要勤功，絕妙無過眞種」也。 又云：「內有天然眞火，爐中赫赫長紅，丹頭和合類相同，溫養兩般作用按以上兩首西江月，雖紫陽眞人另有用意，然妙語雙關，深合心息外依之原理」。 夫溫養者，卽心息相依而不離也； 兩般作用者，卽依內依外，各盡其妙也。 又清淨經云「內觀其心，心無其心」，卽依於內也；

「外觀其形，形無其形，遠觀其物，物無其物」，卽依於外也。長生久視，煉精化炁、煉炁化神，則依於內也；忘形養氣、忘氣養神、忘神養虛，則依於外也。「外其身而身存，後其身而身先」，則依於外也；「歸根曰靜，靜曰復命，專炁致柔，能如嬰兒」，則依於內也。或依於外，或依於內，蓋內外本相通耳。若論其至，則內卽是外，外卽是內，非內非外，卽內卽外，虛實相通，內外合一。因心息相依，神氣旣打成一片，外潛通乎造化，內戀結乎命元，精神卽造化，造化卽精神，故深根固蒂，卷之退藏乎密者，卽能大而化之，放之彌綸乎六合也。尚何內外之可言乎？

（三）嘗有同道業商者問我曰：「海印先生咬定心息相依在外，豈不虞其心息外弛，神氣耗散乎？孟子云『氣壹則動志，志壹則動氣』，又云『持其志，毋暴其氣』，蓋心之所至，氣亦至焉。心旣向外，氣亦隨往，恐不合於返觀內照、抱元守一之旨也。」余曰：「非爾之所知也，豈若普通人之心，奔馳在外則一往而不返，流連荒亡，魂馳魄喪，氣動神疲哉？學道人之心，雖云依外，而實不離乎宗也。子為商人，卽以財為喻，因人之於財，猶心之於息，定息於內，猶儲財於家中而不用也，然謾藏誨盜，多積招殃，亦宜深慮如修丹者飽暖思淫，及走丹等事；依息於外，猶財不藏於家中，寄存於銀行或錢莊以生息也，是雖不藏於家中，而財權仍在掌握，隨時可以取用，且有子金可得，猶學道人心息雖相依在外，而元和不離於根源，操縱由己，苟時機一到，卽可於虛空中攫得生氣也。至普通人之心息外馳，則直將金錢揮霍於聲色場中，財一出而不復歸矣。是豈可同日而語哉！」商人首肯，但不識有當尊意否？幸示及。

（四）先生竭力將道佛貫通，以調和玄釋兩家之思想，而搆通其學說，證明此之甲卽彼之乙，彼之乙卽此之甲，故我之長生卽彼之無生，而彼之無生卽我之長生。在學道同人，亦向來承認此說，為和平公允而無異議者。無如佛教徒則夜郎自大，惟我獨尊，其傲慢態度，若有傳統之習慣，其固陋之思想，亦終牢不可破。今先生復欲與之調和，彼卽不直斥君為外道，亦必曰君援佛入道，以釋典附會玄宗，非我類也。幸不鳴鼓而攻，亦必摒君門外。

張化聲先生始為海潮音編輯，後因稍羼涉道家思想，遂為同人所不容，由是激於義憤，不顧一切，匹馬單刀，從佛教大本營之武昌佛學院殺出按：此為化聲先生在第八十八期揚善半月刊上之自述。蓋佛教主旨，不屑與道家相並也。此若强欲與之相埒，彼必曰何物狂生，敢與我阿耨多羅三藐三菩提作一字並肩王哉！

故我攖師曾接受彼教之挑戰，謂：「仙道本來是佛教範圍之外，釋迦牟尼他自己就不懂仙道，何況後代佛教徒？他們說仙道是外道，這句話老老實實一點不寃枉。他們若說仙卽是佛，佛卽是仙，使出一種滑頭市儈所常用的冒牌手段，弄得魚目混珠，那纔眞是冤枉。」又有辯命歌後按語一則云：「儒釋道仙，四家宗旨不同，此公偏要融和為一，竭力未必討好，何苦乃爾？儒家見解，認為人生是經常的，所以宗旨在維持現狀，而不准矜奇標異，因此人生永無進化之可言；釋家見解，認為人生是幻妄的，所以宗旨在專求正覺這是佛教本旨，其餘都是枝葉，而抹殺現實之人生，因此學理與事實，常相衝突，難以協調；道家見解，認為人生是自然的，所以宗旨在極端放任，而標榜清淨無為，以致末流陷於萎靡不振，頹廢自甘；仙家見解，認為人生是缺憾的，所以宗旨在改革現狀，推翻定律，打破環境，戰勝自然，以致思想與行為，往往驚世而駭俗。非但儒釋道三家不能融和，卽道家仙家，表面上似乎同隸一種旗幟之下，然二者宗旨，亦難以强同。夫士各有志，原不必人人共趨一路，但宗旨不能不決定，言論不能不徹底，門徑不能不辨別，旗幟不能不鮮明。否則仙佛聖賢，混作一堆，老莊鍾呂，粘成一片，令後之學者何所適從乎？余本不反對儒釋道三教之宗旨，但不願聽神仙學術，埋沒於彼三教之內，失其獨立之資格，終至受彼等教義之束縛，而不能自由發展，以故處處將其界限劃分明白。俾我中華特產，卓絕千古的神仙學術，不至遭陋儒之毀謗、凡僧之藐視、羽流之濫冒、方士之作偽、乩壇之亂眞，自漢明帝以來，一千八百七十餘年，佛教徒所給於仙學界惡嘲謾罵之醜聲名，於茲刷盡；自金世宗以來，七百七十餘年，北七眞所給與仙學界三教同源之假面具，一旦揭開。豈不快哉！豈不壯哉！」

蓋我攖師之意，欲以神仙為主體，故不特對於佛教之理事相違有所不滿，卽對儒道兩家亦有微辭。因儒教拘謹束縛，只知保守現狀，而道家亦覺空泛難憑，多講虛無之理，與抱朴子所謂「五千言雖出老子，然皆泛論較畧耳，其中了不肯首尾全舉其事。至於文子、莊子、關令尹喜之徒，雖祖述黃老，但永無至言，或復以存活為徭役，以殂歿為休息，其去神仙已千億里矣，豈足耽玩哉」，其意蓋相同也。

雖然為道易，為神仙難，是有目之所共覩，吾師蓋不欲其為易，而欲為其難者耳。但不知先生之志欲為其難者乎？抑欲為其易者乎？

謹借本刊之園地，一叩智士之雅懷，如荷推誠，勿吝賜玉。並候起居不宣。

僕志眞謹頓

附錄二：復志眞君函

海印

前見本報蒲團子按：卽仙道月報載有閣下致鄙人函，已悉。宋儒周子云「飽暖大富貴，康寧無價珍」，鄙人目下旅況，足可當之。近以時局關係，暫且杜門守拙，一俟大局平靖，道路開通，卽擬至武當一行。因先師臨化前，有「十年後求我於武當，必有響應」之語也。自民六迄今，已三十餘載，未知仙蹤是否仍在武當，必親去一探方知。無論遇與不遇，卽在該山覓地建菴焚修，僕亦從此遯世矣。家事方面，早已按排定當，故隨時可以離家。

前在烏鎮避難時，在興教觀見一吕祖像，容貌甚偉，購而祠之，昕夕禮拜，以求加被，迄今三年。現每日三時，每時禮八十一拜，明歲每日擬增至三百拜。日後或有因緣相值，則僕二十五年來之夙願遂矣。玆姑積誠以待之。

昔葛仙翁初煉丹時，日在爐邊持珠，恭念玉帝聖號一萬遍，如是勤苦，積久道成，位至玉虛紫靈普化元靜眞人。我輩生斯亂世，諸緣不具，障礙百出，奚可不生勤苦之念，而求上眞加被耶？故鄙人雖於玄談内廣談虛無，而實際亦不廢事修，此節恐非局外人所能知也。

曩者先師在武漢時，約同志八人，組織道社。復有四五同志，隨喜參加，總達十餘人。及天秩師翁蒞漢，此十餘人者，直接或間接聞道。逮先師臨化時，語其子曰「昔鄂友十餘人，唯柯伯道號葆眞一人成功」，餘皆搖首示意，可知成道之難，非福慧雙全者不能也。

僕今者法財已具，侶地未得，然並不生問題。現今家中亦有靜室三間，與外面可以隔斷如滬上之統廂房，家事一概不問，亦可安心下功。姑待三年，逆料民國三十三年時，世界總可太平矣。在此三年中，當勤於發願禮祖，以培栽福德。洎乎撒手歸山，然後行入室大事，屆時侶地，亦必水到渠成，無待安排者也。

至尊問四條，與往昔聞於先師者頗多枘鑿。閣下但向三馬路千頃堂購先師所著三教一貫細閱之，自然明瞭，似無待鄙人贅詞矣。玄談宗旨，說理貴圓融，行持貴專一，故講到工夫，卽以先師所授者拈出，以期一門深入耳。

合作一層，僕並無成見，但僕宗旨喜脚踏實地做去，不喜浮炫誇張。今世眞欲了生死而修道者極少，只能潛修密煉，遇緣接度，以續道脈耳。

化聲先生不容於佛徒，至從武昌佛學院殺出，並與佛徒對罵，盡筆戰之能事，似覺其龍性未馴，且亦不符老聖「和光同塵」之旨、蒙莊「安時處順」之說。永明禪師云「匿跡韜光，潛行密用」，雲巖禪師寶鏡三昧云「潛行密用，迎金如愚若魯」，又曰「銀盌盛雪，明月藏鷺，類之弗齊，混則知處」。古聖先賢，罔不俯同塵俗，內修道妙，衣錦尚絅，潛行密用，唯自得知，人無能識。化聲先生若能體老、莊、永明、雲巖之訓，不妨在佛學院中安爐立鼎，密運周天，無人覺察，是卽壺子所謂「杜德機」之妙也。然僕今者所處地位，又異於化聲。既不依賴佛學院過生活，不充彼等教授與編輯，不領彼等薪金，隱顯行藏，毫無顧忌，說異辨同，不妨自在，孰得興師而問難哉？

再按三丰翁云：「仙是佛，佛是仙，一性圓明不一般；三教原來是一家，饑則喫飯困則眠。」僕以二十餘年之編參，覺丰翁所說，原全與拙見契同。僕今者豈特仙佛聖賢混為一爐，亦且情與無情，煥然等現；豈特老莊鍾呂粘成一片，亦且臭腐神奇渾無二致，露柱燈籠，齊轉法輪。此則仁智之見，正不必盡同，亦難以盡同者也。

抱朴子論老莊列尹，未必具眼，足下幸勿被黑豆換却眼睛。關尹子曰：「能見精神而久生，能忘精神而超生。」大抵抱朴子在見精神而久生之位，老莊關尹諸大祖師在忘精神而超生之位。一在生位上立足，一在生生位上轉功，拙著玄談集內亦論及之矣。

再按華嚴經如來名號品云：「或名釋迦牟尼，或名第七仙，乃至云或名持眾仙，或名大仙師。」是世尊固以仙人自號矣，否則何以不云第七佛而云第七仙乎？今之佛徒，能將此則問題篤思明辯，卽不致斥仙為外道矣。

又華嚴光明覺品云「為度諸眾生，此是大仙力」，菩薩問明品云「非一切如來大仙之過咎」，如來出現品云「誰於大仙深境界，而能眞實具開演」，又華嚴偈云「大仙所有施戒法，忍辱精進禪智慧」，又云「護持諸佛法，攝取大仙道」，是文殊等大菩薩亦稱佛為仙矣。而世主妙嚴品「來會諸天，一一冠以佛號」，然則何佛而不仙，何仙而不佛哉！

一代時教，始華嚴而終涅槃。今考涅槃哀歎品云「大仙入涅槃，佛曰墜於地」，長壽品云「云何作善業，大仙今當說」，又云「云何為生盲，而作眼目導；云何示多頭，惟願大仙說」，又云「一切諸法中，悉有安樂性；惟願大仙尊，為我分別說」，是迦葉尊者亦稱佛為仙矣。

文殊為菩薩之首，迦葉為聲聞之首，同稱佛為仙，豈非三丰所謂「仙卽佛，佛卽仙」之一證歟？妙正眞人云「眾生仙佛，同一大圓鏡智」，乃見諦之論也。

自佛法傳入以來，最初名著，當推肇法師鳩摩羅什之弟子涅槃等四論。但肇論全以老莊精髓立說，將整箇道家學說，移作佛論，後世亦未嘗議其援道入佛也。最大最妙之著作，當推宋永明禪師之宗鏡錄，一百卷內，引用老子、列子、莊子、亢倉子，以融會佛乘心地法門者，亦難屈指數，後世亦未嘗議其援引外道典籍，附會佛法也。又如晋道林禪師般若對比要抄云「是故夷三脱於重玄，齊萬物於空同，設玄德以廣教，守谷神以存虛，齊眾首於玄同，還羣靈乎本無」，觀其序般若而談玄德、揭谷神，豈非融禪玄於一爐、冥眾籟於一際哉？又如道安法師安般經註序云「安般寄息以成守梵語安那般那，此云出入息。安般經全談調息法門，四禪寓骸以成定也。寄息故有六階之差，寓骸故有四級之別。差者損之又損之，以至於無為；別者忘之又忘之，以至於無欲」，亦採用老子語以闡安般調息之妙。其弟子道立，復以老莊三玄徵應佛理，具載高僧傳中。大抵見諦之士，情量盡破，畛域全消，入一際平等之原，冥大小方圓之量，奚有是非彼我之諍哉？後世佛徒，不肯徧覽教典史乘，狃於門户之見，其歧視仙佛也固宜。而足下等反視為理之當然，從而宰割眞空，分羅法性，斯亦異矣。

此覆，順頌道祺！

海印手啟十二月二十六日

附錄三：再與海印山人書

志真

海印先生閣下：

接奉還雲，知先生飽暖康寧，得大富貴，獲無價珍矣，亦可謂知足者長樂矣。羨賀羨賀。

雖然，宣聖發憤忘食，樂以忘憂；顏回一簞食一瓢飲，居陋巷不改其樂；曾子三日不舉火，十年不製衣，捉衿肘見，納履踵決，曳縰而歌商頌，聲滿天地，若出金石；陶淵明環堵蕭然，不蔽風日，短褐穿結，簞瓢屢空，晏如也；邵康節五十之年，忽感重疾，盛夏之中，伏枕百日，砭灸藥石，其效無一，以命委天，心仍安樂。夫彼諸聖賢，或貧或病，既不飽暖，復失康寧，然而泰然處之，若無所事，未嘗有戚戚汲汲之心，而羨周子之所謂飽暖康寧也。

若以眾人言之，則在未得飽暖康寧之時患不得，既得之矣患不足，亦決不肯即以飽暖康寧為大富貴無價珍者。蓋脫略於形骸之外者，不以四大假合為意；而迷戀於聲色之中者，則以七情愛惡為緣。前者近忘精神而超生，後者又不及見精神而久生，周子所言，其志則近乎見矣。閣下悦其言而羨其道，又不屑為見，何喜其實而惡其名，愛其情而不足其說乎？

尊府既有靜室三間，可以安心下功，又可不問家事，則大隱居廛。積誠以待三年之中，何不湛寂無為，清淨坐忘，以期豁然超脫，俾淵默而雷聲，尸居而龍現？今乃不此之圖，但致力於禮拜，求神而不求己，捐自力而冀他力，恃音聲色相以求眞人，勤則勤矣，然恐非吕祖之所望於閣下也。

若僕者情量未破，不克見諦，不知大患有身，甘效守尸之鬼，則學葛仙翁之爐邊持珠，恭念聖號，禮神拜祖以求倖獲，尚或可原。然在祖師之意，亦將笑不能善自努力，而徒求加被。雖或憐其愚而不加責，然必斥其妄而不知本矣。故不自努力而求之於他，以僕之愚，猶知其非徹底究竟之道。乃脚踏實地，一門深入，忘神超生，如閣下者，反為之而弗倦，不亦異乎謹按：在未明原理、未得眞訣之前，而又為世務所困，不能一門深入，積極精進者，則一方面立功立德，一方面禮神拜祖，以求加被，亦合乎正道。因程度不同，環境各異，原未可執一而論也？

鄙問三條，既不蒙賜教，亦安敢强求？

尊師所著三教一貫，雖未暇細讀，亦曾約畧偏閱一過，然不足以代表閣下之所欲答以慰僕之所問也。

化聲先生，善作筆戰，亦因代抱不平，如有骨鯁在喉，不能不一吐為快，「龍性未馴」四字，恐彼亦甘居而不辭。雖然今者已久不見其筆墨矣，銷聲匿跡，恐亦從此遯世矣，不然何見其首而不見其尾？或逆料閣下之欲怪彼龍性未馴，遂預示先機而不吝改過乎？今則此四字者，恐我等反將就之。蓋僕因使命在身，遂竊古人立言之名，沈醉於筆墨之中，竟覺樂而忘疲。而閣下者，慈悲心切，洋洋數十萬言，談玄說妙，辯異論同，隱然有顧盼自雄之概。然苟有謗者，寧不可羅織深文而加之辭乎？即為化聲君所知，將毋笑我等之工於謀人而拙於謀己乎？

至於三教一貫、三教一家，其說亦由來久矣。記得胡適近著陶宏景眞誥考之批評中有一節云：「西天靈光，飛錫東渡，自不能不求相當之寄託。環顧海內，儒門淡薄，諸子百家，瑣碎而寡要，都非息胎棲神之質，唯老莊派學者，為能出彼玄義靈文，以寫此生態，撮此小影，所以由漢及唐，五六百年，為道教接收佛教之時代；北地七眞，南方五祖，取西來妙意，返哺人天，而大乘根性之天台賢首，與一花五葉之教外別傳，又復棧道明修，陳倉暗渡，此數百年為佛道兩教同化之時代；宋明理學鉅子，自朱陸周程，以及誠意、陽明，陽奉儒術，陰崇二氏，推衍擺盪，致成儒釋道三教混流之怒潮。」蓋三教一貫，本為原理之許可，根據「象帝之先」、「無名無形」、「一而不二」，既無所謂仙佛，亦無所謂儒釋。無如至無之中，却含至有；空寂渾淪之中，却含無限生機。於是由一而二，由二而三，則三而生萬物矣。造化之生機固如此，而宗教學術文化之演進，亦未嘗不如此。故黃老儒術興於東方，而佛耶回興於西方。是以舉其同者，雖五教可以一貫，遑論三教；標其異者，雖一教之中，亦多分宗別派，各是其是，各非其非，有絕難融通之處。

至於仙佛兩家，誠有如尊函所印證各節，或以老莊釋佛經，或以佛經釋莊老。佛典有時亦稱佛為仙，然其貶儒道兩家為人天小乘，又稱老莊孔顏為菩薩化身，寓貶於褒，似揚實抑。其意若曰：老莊孔顏，雖可許之為菩薩，然與佛相較，似終損一籌。此猶為少數和平派佛教徒之所主張。若多數之佛徒，類皆目空萬教，惟我獨尊，寧肯如閣下所謂入一際平等之原，冥大小方圓之量哉？ 不然僕等亦何憾於釋，何私於道？ 實因外教侵畧，無所不用其極，藉勢憑權，喧賓奪主，遂使國教日益衰頹，國難日形嚴重。 故有識之士，秉老聖「抑強扶弱」、「損有餘，補不足」之旨，不屑犧牲精神，不計箇人利害，借管城子之力，以聊盡其心而為鳴不平而示正軌焉，豈眞同韓子之豪氣未除乎放翁詩「韓子未除豪氣在，文章都為不平鳴」，此則有異乎彼？

閣下仙佛聖賢，混為一爐，三教調和，無偏無黨，其卓識高見，固已與捨本逐末好異媚外之徒有所不同，而「老莊鍾呂，粘成一片，臭腐神奇，渾無二致」，則似覺事理欠符，言行相背。 苟非然者，則何見而不忘，何忘而不見，色卽是空，空卽是色，尚何有黑豆與眼睛之分別乎哉？

夫抱朴子之論老莊列尹，雖未必具眼，然大體亦不錯。 蓋抱朴本為太上再傳弟子，其於老莊列尹之為人，未嘗不欽佩。 但就書論書，則所謂「泛論較畧，不肯首尾全舉」，及「祖述黃老，永無至言」、「存活徭役，殂殁休息」等語，則自是實情，不可謂誣。 因老莊諸人所談者，乃大道之原理，造化之根本，芴漠茫昧，恍惚自然，而不詳其事。 非不知也，又慮愚徒之執着不化，恐畫虎不成反類犬，故復示以大患有身、薪盡火傳之說。 其於神仙之專門學術，如長生不死、白日昇天等奇跡，龍虎、鉛汞、藥火、鼎爐之名辭，則未暇道及。

後之學者，若將黃帝之龍虎經，伯陽之參同契，諶母之銅符鐵券，旌陽之石函記，張紫陽之金藥秘訣、悟眞篇，白紫清之地元眞訣等一類書籍，與道德、南華、沖虛、文始諸經相比較，則判若兩途。蓋一則言理，一則言事；一則談道，一則談仙；一則名丹經，一則名道書；一則近科學，一則近哲學；一則是眞空，一則是妙有；吾人若謂之謂同也。一則有相，一則無形；一則神奇，一則平淡：謂之謂異也。則道可通夫術，術可進乎道，有可變為無，無可化為有，蓋同則其本也，異則其用也。

固執之士，知一而不知二，知道而不知仙，知空理而不知事實。以為鉛汞鼎爐，皆屬譬喻；長生飛昇，悉是寓言。强不同以為同，化實際為烏有，而不知古聖言外之意，環中之妙，則言同非也，言異非也，言非異非同亦非也。若既知其本，復知其用，既明其理，復曉其事，則言同可也，言異可也，言非異非同亦可也。

抱朴子為神仙中傑出之才，精明通悟，德學俱超，則安肯妄論祖師，而漫加訾議哉？且也道祖既標「長生久視」、「營魄抱一」，復言「大患有身」、「死而不亡」，而其本身之壽命，則經數百年而不知其所終，其示現之跡，同於神仙而異於孔釋。莊子既云壽莫壽於殤子，而彭祖為夭，然又贊成修德就閒，守一處和，千歲厭世，去而上仙，三患莫至，身常無殃。猝然視之，豈不矛盾？不知其因地因人，因是因非，橫說豎說，正說反說，各盡其妙，使釋氏之徒，亦不敢顯攖其鋒。於是承其青睞，遂許之為菩薩，或收之為天乘。其實老莊書中，既無四聖六凡之名，更無五乘三途之語，釋氏隨意安排，象心位置，雖於道家之本來面目無損，而畫蛇添足，名義上是非高下之爭，所難免矣。

至於三教一貫，本非閣下一人之私言，先哲言之詳矣。僕亦久聞其語，且非絕對不贊成者，卽在本刊上亦並未反對。苟反對，則何故每期尚將尊稿擇要登載？至前函所云，原不過欲互求印證，以便交換智識，且念閣下徧覽教典，博學多聞，故思就正高明，藉資聯絡，初不料遭君見怪。然僕思前函雖嫌冒昧特兀，而並無開罪憤激之處。乃尊函開場答但以飽暖康寧囫圇吞棗之辭；次則答以禮神拜祖與尊志矛盾之事；又次則表明惟閣下為能脚踏實地不喜浮炫誇張；又次則不滿於化聲，以為化聲依賴佛學院過生活，而領彼等薪金，然則足下何從知之，卽其果領薪金，而能為道德文化學術前途計主持正義，寧願犧牲箇人之利益，不肯委曲求全，則亦不可不謂之大丈夫，所謂「謀道而不謀食，正其誼不計其利」者也；又次則看輕抱朴，謂僕被黑豆換却眼睛，但據足下臭腐神奇一致論，則黑豆眼睛，亦復何別；末則異僕之宰割眞空，分羅法性，然眞空之含妙有，卽眞空自願宰割，法性中現萬象，卽法性自願分羅，豈僕之過哉？

雖然，僕豈眞無過乎？曰不然。僕之冒昧通函，娓娓不休，是眞僕之過也。庸敢辭答，此後謹當慎之。耑此再覆，即頌玄安！

志眞謹啟

補啟者 僕與閣下素昧生平，只因讀過大作，覺得閣下的學問文章，聰明智慧，殊屬不凡，故先通函仰攀，思借他山之助，結一道義之友。不料閣下顧盼自雄，目空一切，恃才傲物，不屑下交。夫閣下之博聞强記，善辯能文，固僕之所弗若。然白璧尚有微瑕，鉛刀寧無一割，善辯者每窮於辯，無才者或全其才，此中消息，不可得而知。僕之前函，上半節完全是就正討論之意，後半節雖有兩段引證吾師及抱朴子文章，然亦不外乎討論之意。何圖與尊見相左，大肆譏評，層層批駁，不留餘地。只得再奉此函，表明鄙見，其辭氣較前函，稍為率直。然唯之與阿，相去幾何，語言文字，皆為過而不留者，倘能鑒察愚衷，彼此均弗介懷，是為至幸。

附錄四：答湯慕玄君十問

海印山人

一　學道程序，請示大綱。

答　學道程序，不外信、解、行、證四步，此據大綱言也。信心為第一步，解為第二步。信心要深，解悟要徹。

信如發心至湖北武當朝山，信有太和仙境，有可到之理； 解則理路分明，如至武當已洞悉其水陸路程，以及沿途食宿等情形，籌有充分之旅費； 行則親歷其境界，依所定之路線前進； 證則到目的地後，自在逍遥，盡情受用。

證亦有淺深，總以解脱為目標，未到解脱，尚在行位，不能説到證位。 所謂解脱者，謂出五濁，超三界，不受「分段」「變易」兩種生死之謂也。

初學道以信解為急務，及行起解絕，則以證為究竟可也。

二　修道程序，亦望指示大綱。

答　譚子化書有云「忘形以養氣，忘氣以養神，忘神以養虚，虚實相通，是謂大同」，此其大綱程序也。 故白眞人云： 「忘形養氣氣化神，是云大道透三關。」元明以來，通云煉精化氣、煉氣化神、煉神還虚，但不如譚眞人所説為圓融耳。

三　今時學道者衆，成道者無聞，癥結所在，能指示否？

答　學道乃一普通稱呼，其中有眞心學道，志在了生死者； 有只圖名利，假此作幌子者； 有一時隨喜，旋卽放棄，有始無終者； 有信從邪師，盲修瞎煉者。 皆可謂學道，實際則多與道不相應。

今且約眞為生死而學道者言之。有遇眞師者，有不遇眞師者，有遇眞師已得全訣者，有只聞下手工夫者，或得訣僅一半者，此中亦難以一例視之。

再以眞為生死，已遇眞師，而得全訣者言之。或遇種種逆緣，阻其實修；或自己一時因循，忽大限已到，而不及修；或能放下一切，驀直前去，毫無阻礙者，是德勝而道備，得成其志也。

大抵修道，必以德為輔，德不足者，每欲下功，魔難隨至，我見亦多矣。譬如君一向住棧房，所欠房金小賬墊款至多，如依舊住下去，則不致與君算清，若一旦欲出棧房而他適，則賬房茶房必向君總算賬一次，一切付清了賬，方能出棧。此三界之中，亦為我人歷劫以來之旅店，所結宿世怨業亦多矣。君發願欲了生死，離三界，歷劫冤對，亦必與君總算賬一次，否則日後將無追索之機會。此西遊記所以示唐僧一發願至西天取經，即有八十一回魔難發生也。

成道者少，半由於不遇眞師，半由於自己蹉跎，或業障阻礙耳。

四　學仙當吃葷耶？吃素耶？若學佛則教有明文，不成問題，然丹經中並無規定學仙須茹素之戒條。反之，三丰翁云「也飲酒，也食肉，持齋酒肉常充腹」，又謂王居士曰「吾為茹素除葷者計曰，善口不如善心，體君子遠庖之訓可也」，又道情曰「不斷葷腥不犯淫，犯淫喪失長生寶，酒肉穿腹道在心」，是明示可以吃葷。然予所疑者，何以佛制戒而仙開戒？立教不同若是耶？先生吃葷乎？抑茹素乎？對此問題有何高見，足為後學遵循乎？

答　拙著道室隨筆內，有一段討論葷素問題，擬有暇摘錄送登本刊。此問題關於立德方面，我輩修道，皆為老聖法裔，法裔當然須遵守法祖訓戒。按老聖三寶，以慈為首，又曰「是以聖人常善救物，故無棄物」，又曰「天將救之，以慈衛之」。因世人吃葷故，遂致網於山林，罟於淵池，牛羊之巨，魚鼈蝦蟹之細，捕捉烹宰無寧日。君試自問，豈符老聖大慈為首之旨、常善救物之訓乎？老聖教人恬澹無欲，而世人日烹肥鮮以充口腹，寧非有背恬澹之旨趣乎？若於老聖之長生久視則慕而學之，於老聖之教誡「大慈救物」、「恬澹無欲」則吐而棄之，則成自私自利，背聖叛道，恐德不足，亦難成仙矣。君既欲長生，當願物物各得長生，各正性命，方符大慈旨趣耳。

古之善談仙者，無如抱朴子卷二論仙篇曰「學仙之法，當恬愉澹泊，滌除嗜慾」，又曰「仙法欲愛逮蠢蠕，不害含氣」，又曰「仙法欲止絕臭腥，休糧清腸」，微旨篇曰「求長生者，必欲積善立功，葷心於物，恕己及人，仁逮昆蟲」云云，悉與道德經符合。若殺物以養己，其去「仁逮昆蟲」、「愛逮蠢蠕，不害含氣」之訓遠矣，去「滌除嗜慾」之說亦遠矣。三丰翁則云「善口不如善心，體君子遠庖之訓」，而下文繼云「養氣卽能養腹，遵至人臭味之戒可也」，此明示飲食太和，足以滋養五臟，不必執內經所謂「精不足者，補之以味」等詞。至人臭味之戒，卽不食肉之意，論語云「色惡不食，味臭不食」是也。

以口與心相較，自然善心優於善口，然豈若乘戒俱急，心口俱善之為更妙哉！予睹丰翁出語元極圓融，君只執其上句，而遺其下文，則成偏見矣。「酒肉穿腹道在心」，當着重下三字。今之人，酒肉穿腹，心中無道，只貪口味而縱五欲，與三丰境界相去懸殊，似未可執此而生異議也。

總之，仙佛皆重清淨心，口既貪乎魚肉，目必貪乎五色，耳亦貪乎五聲，日在五欲境界中吸引，恐與清淨心不相應耳。何況殺生增加冤對，我既害彼，彼必思害我，因果循環，絲毫不爽。我輩修道，急欲清理宿欠，滅經業障，豈可再添新債乎？

僕自十九歲學道，一向隨緣吃葷，直至二十七歲時，得清初周安士所著萬善先資集此書極好，披誦再三，惻隱之心，油然而生。覺殺生以養己命，非大慈之旨，有損天和，損陰德，違孔老仁慈之教，急宜改轍。不意積習既久，茹素數日卽思葷，乃因時制宜，時葷時素，一面停止殺生，魚蝦等一切生物皆不買，且每月有餘錢時，購而放生焉。如是年餘，方吃淨素，迄今十七八年矣。仙佛皆以慈心勝，視物如己，古有慈心仙人及太乙救苦天尊，君若以慈為宗，則斷葷止殺，不成問題，豈可以仙經所無而疑之乎？孔子曰「忠恕違道不遠，施諸己而勿願，亦勿施於人」，曾子曰「夫子之道，忠恕而已矣」。且不談高深理論，諺云「將心比心」，君既不願被人傷害或殺死，而日以利刃加諸無抵抗之小動物，是不恕也；老聖教人慈救慈衛，而君背之，日殺生命以充口腹，是不忠也；一切蠢動含靈，皆有覺性，此覺性與果地聖人，初無二致，毀滅有情，是不仁也。故此問題，與修德方面，甚有關係，若謂人道不具足，而能得成仙道，僕竊疑之。

五　仙佛修證判別之點請示知。

答　畢竟水朝東海去，到頭雲定覓山歸。

六　仙佛修證高下何如？

答　雲定家家月，春來樹樹華。

七　學仙有礙經世否？　經世有礙學仙否？

答　竹密不妨流水過，山高豈礙白鶴飛。

八　如何是道人家風？

答　行須緩步，語要低聲，息息相顧，心心離念，一旦撒手歸山，方顯逍遥自在。

九　我公丹書想閱過不少，最相契者何書？

答　白眞人集。

十　道書十七種，畢竟是正是邪？

答　曾遊龍藏，自然眼到立分；若其生長葷門，且任目迷五色。最忌如猪八戒吃人參果，一口吞下去，反問人是何滋味。滋味且置，試道人參果為何必生在五莊觀？五莊觀是甚麽？人參菓是甚麽？

附錄五：天樂集王心湛序

心同理同，道一而已。老子曰得一，釋氏曰一眞，孔子曰一貫，皆為一大事出世。開示悟入，以心傳心，殊途同歸，並行不悖。達者知通為一，豈有二哉？老子曰：「大道甚夷，而民好經。」世之學者，不揣其本而齊其末，得一察焉以自為方，道術將為天下裂。莊子曰：「道惡乎隱而有眞偽，言惡乎隱而有是非」，「道隱於小成，言隱於榮華」。於是異執紛歧，戲論雜出，或支離破碎而陷於小徑，或儱侗顢頇而入於邪途。末流之弊，往而不反，盡失乎眞。悲夫！世喪道也，道喪世也。世道交喪，而內聖外王之道，暗而不明，鬱而不發，使舉世受其黮暗，而誰與正之？此吾友玄靜居士天樂集之所為作也。

居士學究眞際，道契環中。抗浮雲之情，隱同園吏；抱覺世之志，記諸簡編。故其為書，海印森羅，昭宣本迹。老莊儒佛，道通為一。神仙方術，旁行不流。斯固圓機自在，稱性而言，廣利有情，大方無隅。綜覽全書，不外自證與化他。其自證也，體莊子之七大，宗壺子之四禪，入地文而進天壤，超太沖而歸大覺，極空有之精微，握返還之樞要；其化他也，宗無心而應運，重調適而上遂，如風迴日照，鏡影鐘聲，無心於應而應無不圓，無事於照而照無不徧： 是則深契佛氏如如之旨，老氏自然之趣，孔氏虛中無我、寂感交融之妙。若乃空有雙遣，泯色法於一際； 六根休復，齊眾妙於玄同。無為而無不為，無不為而無以為，則行斯住斯，體斯用斯，雖終日繁興大用，而終日不離本際，得其環中，以應無窮。其猶華嚴無盡法門，事事無礙，而不出一眞。至後導歸淨土，尤與華嚴行願若合符契。昔人謂，自華嚴出，人心為之一變。今居士是編行世，世之學者知見，將一變以至道乎？ 企予望之。

山陰王心湛序

附錄六： 天樂集自序

徐海印

（一）

道家之學，以妙有眞空為宗，以沖和自然為用。以之修己，則抱德煬和，身心寧謐；以之治世，則還淳返樸，時俗清和，内聖外王，精微宏博。予蚤歲卽有志於斯，博參深究垂三十年，乃覺怡然理順，渙然大通。比以戰亂，息影古吳，禪寂之餘，兼事著述，以暢玄理。十載以來，次第成玄修抉微、玄元道妙、禪玄合參、儒道會通、易學發隱、莊列闡幽、道室隨筆、道室雜著、仙眞傳考、名彥詩釋、道化史略等編，卷帙日增，遂釐訂為一百十卷，而以服食考五卷附焉。書既成，定名「天樂」，取華嚴經兜率天上天鼓說法超登初地之意。又集中雖儒釋兼舉，要以玄宗為歸，是則莊子天和天樂、逍遥抱眞之旨趣存焉。

或曰：古今論道之書，亦已夥矣，今子又益此數十卷，其義何居？答曰：予所著者，乃欲解前人之象，罄壺天之秘，抉老釋之藩籬，融會貫通，泯是非之争耳。

或又難曰：古人謂理雖互融，教必不濫，今以儒教還孔，玄教還老，釋教還佛，各各不相羨，各各不相礙，若耳之與目，各成其用，豈非並育並行，川流敦化之旨歟？奚必會儒入玄，攝玄入佛，多此葛藤纏繞為？則應之曰：道本離言，法非名相，古人著書，大都觀機設教，應病與藥。自來三教之争，皆起於見執，見執生於有我，今此集中，反覆闡明息見亡己之旨，進而至於證玄空三昧，再進而至於俱空不生，則有相無相，同歸實際，了性了命，咸契眞常，玄宗、儒宗、釋宗，同入無為法性海中，共證圓覺，各認圓覺。分卽是合，合不礙分，如千燈一定，光影重重，涉入交參，非一非異，此正是藥，子毋執藥而成病焉。

歷地二省，歷時十載，删修增訂，稿經數易，以避亂之因緣，作弘法之濫觴。世之君子，苟不棄芻蕘，玩索而有得焉，則柱下一脈，不致就湮，道種相孚，繼起當必有人矣。

歲在己丑仲冬少陽後裔浙西海印山人徐玄靜自序

(二)

道法，歸一法也，眞空法也。歸一者，由兩儀而返乎太極，由對待而轉為絕待，入不二之門，心息妙合，內外渾融，水火既濟，性命合一之微旨也；眞空者，並此絕待之一而空之，既不住於二，亦不住於不二，關尹子所謂「在己無居」是也，壺子所謂「未始出吾宗」亦是也。玄修道妙，出生滅門，入眞常門，大抵以此為歸。

予昔參汪師體眞老人，年甫弱冠，師以予年幼好道，殷勤啟迪，點開心易，表裏洞然，鍾呂要訣，吐盡靡遺，證諸丹經，無不水乳交融，實乃三生之幸，千載一遇之機緣也。自師示寂，予更涉獵宗乘，參尋知識，始知宗下明心見性之旨，實卽莊子朝徹見獨之道，老聖見素抱朴之微，列子不生疑獨之宗，西來祖意，原是我華國粹，達摩未來，此土早已舉揚，特以曲高和寡，繼起無人耳。於是禪玄兩家，遂彼此會通，藩籬盡撤。今此集中，禪玄並揭，卽本斯旨提倡國粹，責無旁貸。卽禪卽玄，東西相印，而又兼及儒宗者，以老聖為孔子之師，大易隨風宴息之秘，正位凝命之旨，盡性至命之說，窮神達化之妙，實傳燈於柱下，乃玄宗之心法也。降而至於子輿氏，更揭養氣之訣，於是孔老調息凝神之旨，得以大彰。儒宗所修，實與柱下一貫相承，故欲究玄宗之源流受授，不得不旁攝儒宗以盡其趣，此天樂集內所以抱一涵三，兼孔䀯釋，統覺海而為論，應塵毛而不遺也。

是書之初創也，僅得二卷，時予方遯跡烏青，嗣遷吳縣，乃決意增修。自二十七年二月，迄三十七年九月，十年之間，爬羅剔抉，刮垢磨光，一百十五卷遂得次第告成。黃老心法，至是宣泄殆盡矣。

是書也，所以酬先師法乳之恩，亦所以破迷顯正，抉摘窈微，於此玄宗寥寂之秋，作合喙之鳴焉。

時己丑季冬浙西玄靜居士再序於吳縣

附錄七：海印居士與全弘恕函

弘恕先生道鑒：

茲奉來教，得悉修持情形。足下謂僕先學佛，轉修仙宗，非也。僕於民國三年時時年十九歲，即遇道家高人，指受調息工夫。至六年秋，師資相契，遂傳柱下一貫相承之口訣，超凡入聖之眞機，為呂祖門下西派之嫡嗣，少陽下七世法孫。若從太上數起，則僕乃八世法孫也。嗣於二十五歲，在北京遇達法禪師，遂兼參禪宗，漸及華嚴圓教、淨密兩宗。出入仙佛門庭垂三十年，學善財之徧參，對於各宗平等尊崇，毫無偏執偏見。茲承下問，敢將此中經過，畧述一二。

緣僕於民國元年，考入北京清華學校，因功課繁重，心又好勝，不甘落後，竭力研讀，用功過度，致心火上炎，腎水下漏。初時有夢遺洩，繼則無夢滑精，每夜竟達二三次，且並不覺何時遺漏，精關無鎖，服藥無效。至民國三年，骨瘦如柴，形神不偶，行步艱難，說話無力，勢成癆瘵。該年夏南回，幸遇汪體眞老人，年七十六矣，綠鬢朱顏，聲如洪鐘，後腦聳出如橫山，仙風道骨，望而生敬，再拜皈依。先生曰：「子已動一心一腎，若再動肺，一咳嗽，病即成矣。趕快下功，須死心蹋地，諸事放諸度外。一面多吃生藕，以清心火，方可挽此危局。一成癆病，即難醫矣。」僕當時如夢初醒，念生死事大，回家一意下功。兩年恢復康健，顏色鮮潔，紅白相映，目如秋水，黑白分明，捷步善躍與童子一般。回憶曩時兩眼發赤，骨瘦如柴，行步蹣跚者，已判若兩人矣。攬鏡自照，不覺欣然自喜。於是重振旂鼓，再至京求學。設當時不遇老人，仆死久矣。至民國六年秋初，師鑒我志誠，乃以鍾呂門下相承修持要訣，徹底相示，惟切囑藏修勿露跡。當時如貧子得承鉅產，不禁喜極欲狂。既承道脈，謹尊師囑，匿跡韜光，潛行密用。自民國六年至三十年，在此二十五年間，不收一徒，絕口不談仙訣，僅以佛法結緣而已。

自國難肇起，目擊時艱，弘濟有心，挽劫無術，遂發願公開一部分妙訣，著成天樂集一書，將道家教義，徹底整頓一番，以報老人法乳之恩，而延柱下一線正脈。兼以天和天樂，補助民生，減其疾苦，獲精神上之安慰，以補物質上之缺陷。小用固足强身，大用可以强種，對內對外，均有裨益。此乃因戰事初起而發心著述之經過情形也。

全書計五十二卷，分玄修抉微、玄元道妙、禪玄合參、儒道會通、易學發隱、莊列闡幽、道室雜著、道室隨筆、傳考詩釋、先師語錄、道化史略等編，分門別類，窮微極奥，總計一百三十萬言，數千年來談道之書，尚無如此巨帙也。然費我十年心血，今既告成，意欲與普天下好道之士，結殊勝法緣，用以黼黻太平，共襄盛治。區區之意亦可以無愧矣。

此書初十一卷，已於民國三十二年，由鄙人並及門諸子集資，在上海印成節要本一厚冊三本合訂一冊，以便門下講習之用。現尚存十餘部，今年起已公開流通，每部酌收印刷費三十五萬元。如足下或貴處好道之士欲得此項節要本者，望為函知，當寄奉也。再，足下所患之病，若依道家工夫治之，毫無困難，蓋僕卽過來人也。

此頌法安。

徐海印頓首　六月一日

附錄八：一函遍覆

徐海印

近旬以來，本刊蒲團子按：指覺有情半月刊讀者諸君紛紛來函，求醫疾病，大都身患遺洩，精神萎頓，心跳頭眩。其中錢、羅二君情形尤為迫切。默而息乎，心有所不忍；若一一詳覆，則僕精神有限，亦勢有所未能。且今日覆出，明日問函又至，將疲於應付。因用一函遍覆之法，登於本刊，祈龔慈受、羅成志、沈世圻、吳悟靈、錢醉亭諸君注意。

一切疾苦，大都起於心腎兩虧，根本治療必絕慾以固精，澄心以養神，使心腎安，坎離交。一面不妨服藥，治本治標，同時進行，則效驗易見。茲分述如下。

一　絕欲　黃庭經曰：「長生至慎房中急，何為死作令神泣。」又曰：「若當海決百瀆傾，葉落樹枯失青青，氣亡液漏非己行，專閉御景乃長寧。」又曰：「急守精室勿妄洩，閉而寶之可長活。」又曰：「棄捐淫慾專子精，寸田尺宅可治生。」又曰：「閉子精路可長活。」又曰：「恬淡無欲游德園。」又曰：「恬淡無欲養華眼。」又曰：「恬淡閒觀內自明。」又曰：「虛中恬淡自致神。」又曰：「恬淡無為何思慮。」皆教人遣欲也。人當强壯時尚須節慾，若一有疾病，須絕對離慾。古人云：「上士異床，中士異被，服藥千日，不如獨卧。」因贈君獨睡丸方一味。

二　澄心　清淨經曰：「夫人神好清而心擾之，人心好靜而欲牽之。若能常遣其欲而心自靜，澄其心而神自清，自然六欲不生，三毒消滅。所以不能者，為心未澄、欲未遣也。」三丰祖云：「節慾澄心淡思慮，神仙那有異工夫。」廣成子語黃帝曰：「無視無聽，抱神以靜，形將自正，必靜必清。無勞汝形，無摇汝精，乃可長生。」庚桑楚語南榮趎曰：「全汝形謂體其受而不虧也，抱汝生謂守其性而不離也，無使而音爾，汝也思慮營營謂去其知識而不鑿也，若此三年，則可以及此言也謂如此積久而純乃幾於道也。」皆澄神之說也。此須每日做靜功，心方能澄。莊子曰：「靜可以治病。」然玄宗之靜乃虛靜，謂靜而不着色身也。其法每於靜坐時一切放下，過去未來概不追思顧慮。然後用目注視面前一物如茶杯、手帕等小物件，隨取一物，置於目前咫尺之地，不即不離，要不費目力，如能睡着最妙，能自然速睡更妙。睡醒後精神異常舒適。蓋目之所至，心亦至焉，心之所至，氣亦至焉。此法能使心神離開色身，靜定在外面，神氣兩靜在外，空其色身，即老子「外其身而身存，後其身而身先」之秘訣也。一着色身，即生弊病；離開色身，步步得益：是名虛靜。每日有兩枝香靜定，行之一月，即生效驗，三月即大得其益矣。然此乃道之前行，尚非正行。汪師承吳太師之傳，每教人先做一月靜功，然後傳調息正行工夫也。若老年喜躺睡者，即仰卧藤榻上，從屋頂懸一繩，繩之一端下垂，離行人鼻孔數寸之處，須不高不下。卧時卽用兩眼注視繩頭，亦須不卽不離，不費目力。若睡着卽任其睡着，更為舒適而持久，宜於老人。此法昔柯師伯法治癒其嬸母之氣喘病。最近予弟子陳君在滬上行醫，遇一少年得奇病，百方治之而不效，乃命其每日到寓所，教其安坐沙發上，面前放一凳子，凳上放一茶杯，教其靜坐三四小時，注視茶杯。少年一如其教，一月而病少瘥，三月而病全失。春間陳君來蘇，親為予言之如此。因贈君虛靜丸方一味。

三　醫方　色身諸病，一面做功，一面盡可服藥。茲將固精秘方附錄如左。

(一)金鎖固精丸方出李𣈶人醫方概要：　沙苑蒺藜、芡實、蓮須各二兩，龍骨、牡蠣各一兩，用蓮子粉為糊為丸，每服三錢，鹽湯下。以蓮心交通心腎，蓮須尤為藥中之精，含花氣而通陰陽者；　芡實水中之精，而入腎固精；　龍骨、牡蠣濇精秘氣；　蒺藜補腎益精，並為濇以固脱之品。然遺精一症，致因多端，亦非一味固濇所能療治，根本須絕慾澄心，薄滋味，少勞心，使身心安逸，心火不上炎，腎水自然不下漏矣。

(二)遠志丸：　專治心腎不足，夢遺精滑。茯神去皮、木、白茯苓去皮膜、人參、龍齒各一兩，遠志去木，薑汁浸、石菖蒲各二兩。右為末，蜜丸桐子大，辰砂為衣。每服三十丸，空心熱鹽湯下。方出李中梓醫宗必讀。

附天樂集玄修抉微卷三衛生之經一篇。

莊子庚桑楚篇　南越趎叩老子以衛生之經。老子曰：「衛生之經，能抱一乎？能勿失乎？能無卜筮而知吉凶乎？能止乎？能已乎？能捨諸人而求諸己乎？能翛然乎？能侗然乎？能兒子乎？兒子終日嘷而嗌不嗄，和之至也；終日握而手不掜，共其德也；終日視而目不瞚，偏不在外也。行不知所之，居不知所為，與物委蛇而同其波。是衛生之經已。」南榮趎曰：「然則是至人之德已乎？」曰：「非也。是乃所謂冰解凍釋者。夫至人者，相與交食乎地，而交樂乎天。不以人物利害相攖，不相與為怪，不相與為謀，不相與為事。翛然而往，侗然而來，是謂衛生之經已。」

釋曰　經，常道也。此章示衛生之道，要在抱一無離，與赤子合其德。抱一者，心一息諧合，二景相逢，打成一片，專氣致柔，一如嬰兒之狀也。止者，寂止也，即凝神入氣穴，而心得定也。已者，休也，歇也，古人所謂「頓歇萬緣，越生死流」，歇緣最為入道之要着。翛然者，無塵累也；侗然者，無知也。以下專示嬰兒精和柔曼，不識不知之德。行不知其所之，居不知其所為，極示忘物忘懷，無心應運之妙。衛生者能到渾沌境界，與嬰兒合其德，斯神全而氣聚矣。與物委蛇而同其波，「委蛇」二字最妙，謂於外物不執不舍，事來則應，事去即不留，如鏡光波影，普應而無心，順事而無情。赤子之德，無心無情，不違不拒，故終日視而目不瞚瞬目也，終日嗥長哭也而嗌不嗄聲啞也也，終日握而手不掜音藝，撫也，拳手曰握，撫手曰掜也。至人相與交食於地而交樂乎天者，心息相依，感召天地眞陽，飲和以資生，樂天而安命。但入自受用三昧，不以人物利害相關懷，渾渾沌沌，返乎太初。翛然而往，侗然而來，是與天德合，而衛生之經盡之矣。

僧問趙州：「白雲自在時如何？」師曰：「争似春風處處閒。」佛印元頌曰：「争似春風處處閒，花開花落豈相關。白雲自在猶難擬，飄鼓無心滿世間。」玄靜曰：「白雲春風，同其自在閒適，妙契老子『翛然而往，侗然而來』之趣。茲以白雲喻釋氏高人，以春風喻道家尊宿，可謂恰到好處。學者直須到怎麼地田，方得受用。訣曰：『虛靜恬淡，抱一無離，外感天和，啟我生機。生機無盡，命亦無窮，可以衛生，亦能長生。玄宗氣化，斯為最勝。』」

近來除求治病外，復有叩問玄宗道妙者，錄此一篇以酬其意。

八月二十五日海印識

存眞書齋仙道經典文庫（即出書目）

李涵虛仙道集　蒲團子 編訂

太上十三經註解（最完整本）

無根樹二註　道竅談　三車秘旨

女子道學小叢書　陳攖寧 訂　蒲團子 輯

坤寧妙經　女功正法　女丹十則

男女丹工異同辨　女丹詩集

附：旁門小術錄　陳攖寧佛學論著拾遺

通一齋四種　方內散人 著　蒲團子 編訂

三教宗旨　南北合參　道情十詠　閒情雜著

稀見丹經初編　蒲團子 編訂

修身正印（孫碧雲）　玉符直指註釋

地仙玄門秘訣　性命要旨（汪東亭）

教外別傳（汪東亭）　養性編（柯懷經）

玄談集（節選）（徐海印）

因是子靜坐法四種　因是子 著　蒲團子 輯

因是子靜坐法　因是子靜坐法續編

因是子靜坐衛生實驗談

中國的呼吸習靜養生法

關尹子九篇　陳抱一 註　蒲團子 輯

一字　二柱　三極　四符　五鑒　六匕　七釜

八籌　九藥